Juegos de Lectura
LECTURA EFICAZ

PROHIBIDO
LEER A LEWIS CARROLL

Bruño

GRUPO ANAYA

¿A QUÉ JUGAMOS?

2

SALIDA

3

Las reglas del juego

PASO ① Leed el texto y observad atentamente la cubierta y la contracubierta de vuestro libro *Prohibido leer a Lewis Carroll*.

PASO ② Leed estas pistas para saber cómo va a mejorar vuestra lectura.

 LEO Y COMPRENDO
 LEO Y PIENSO
 LEO A MI ALREDEDOR
 LEO EN VOZ ALTA

➔ Comprenderé todo tipo de textos.
➔ Organizaré mis ideas.
➔ Leeré mejor en voz alta.

CONOZCO LA LENGUA

➔ Aprenderé el significado de las palabras y cómo emplearlas.

 ENTRENO MI VISTA

➔ Sabré concentrarme mejor.

 ENTRENO MI MEMORIA

➔ Reforzaré mi memoria visual.

 ESCUCHO Y COMPRENDO

➔ Comprenderé mejor las lecturas que escucho.

¿Qué necesitas?
→ Fichas de color para cada jugador.
→ Un dado.

1

5

4

¡ME GUSTA LEER!

PROHIBIDO LEER A LEWIS CARROLL

1 ¿Qué esconde la niña que está de espaldas?

CONTRACUBIERTA

2 ¿Qué necesita un matrimonio de Nueva York?

3 ¿Para quién necesitan contratar a alguien?

4 ¿Qué exigen a la persona, además de buenas referencias y educación?

5 ¿Qué idiomas quieren que hable la persona contratada?

PASO 3 Tapad las pistas con una hoja de papel.

PASO 4 Organizaos en grupos de 3 o 4 participantes. Uno de vosotros arbitrará el juego y dirá si las respuestas son válidas.

PASO 5 El primer jugador tira el dado y avanza las casillas que indique (puede iniciar el juego el participante que saque el número más alto).

PASO 6 ■ Si cae en una casilla vacía, pierde la vez.
■ Si cae en una casilla con círculo de color, tiene que explicar en qué le ayudará este tipo de actividad.
■ Si cae en una casilla numerada, contestará a la pregunta sobre la cubierta y la contracubierta.

PASO 7 ■ Si aciertas, adelantas una casilla.
■ Si fallas, retrocedes dos casillas y pasas el turno a otro jugador.

PASO 8 Gana quien llegue primero a la meta.

JUEGO 1

¡Empezamos!

Lee los **capítulos 1, 2, 3** y **4** y, después, realiza las actividades.

→ **Abrir y cerrar repetidamente los párpados se llama...**
- a guiñar.
- b parpadear.
- c mirar.

→ **¿Qué hacen todas las personas del mundo?**
- a Parpadear.
- b Nadar.
- c Cojear.

→ **¿Qué motivó el comienzo de esta historia?**
- a Un anuncio televisivo.
- b El inicio de los juegos olímpicos.
- c Un anuncio de un periódico.

→ **¿De quién era hija Eugéne?**
- a Del mayordomo del duque.
- b De un importante duque.
- c De un prestigioso marqués.

→ **¿Cómo se encontraba el duque?**
- a Medio sordo y mudo.
- b Sordo, mudo y ciego.
- c Ciego y medio sordo.

→ **¿Qué palabras del anuncio le provocaron asombro a Eugéne?**
- a Nueva York
- b Nueva Zelanda.
- c San Petersburgo.

→ **¿De dónde provenía la carta que recibió Eugéne?**
- a De Manhattan.
- b De Chicago.
- c De Los Ángeles.

→ **¿De qué es presidente el señor Welrush?**
- a De Estados Unidos de América.
- b Del Comité de Magnificación de Eventos.
- c Del Comité de Desastres Naturales.

→ **¿Qué libro no puede llevar Eugéne a la casa del matrimonio Welrush?**
- a *Harry Potter*.
- b *La vuelta al mundo en 80 días*.
- c *Alicia en el País de las Maravillas*.

→ **¿Cuántas maletas llevaba Eugéne?**
- a Ninguna, solo una pequeña bolsa.
- b Dos.
- c Cuatro.

→ **¿Cómo pintó el capitán las cubiertas del barco?**
- a De color crema.
- b De color gris.
- c A rayas verdes y amarillas.

→ **¿Qué decidieron hacer todas las damas antes de subir al barco?**
- a Tomar el té.
- b Cambiarse de vestido.
- c Cambiarse de sombrero.

Juega con las palabras

Busca cada palabra en la página indicada del libro. Lee el párrafo en el que está para deducir su significado.

→ **Escribe el número de cada palabra junto a su significado.**

1 **párpados** (página 13)
2 **escueto** (página 14)
3 **monóculo** (página 17)
4 **eufórica** (página 17)
5 **proveniente** (página 24)
6 **idéntico** (página 25)
7 **exóticos** (página 28)
8 **atasco** (página 29)
9 **desparramadas** (página 29)
10 **desbarajuste** (página 32)

Lente para un solo ojo.

Cosas que estaban juntas y acaban separándose.

Que tiene un entusiasmo o alegría intensos.

Procedentes de un país o lugar lejanos.

Sin adornos, seco, estricto.

Desorden, alteración del orden.

Pliegues de la piel que protegen los ojos.

Que es igual que otro con que se compara.

Impedimento que no permite el paso.

Que procede de un lugar en concreto.

→ **Rodea el monóculo.**

→ **Señala los enunciados en los que la palabra resaltada se usa correctamente.**

☐ Va al colegio todos los días en **monóculo.**

☐ Estaba **eufórica.** Le había tocado la lotería.

☐ Tenía **atasco** a las espinacas. No podía comerlas.

☐ Era **idéntico** a su hermano gemelo. Nadie los diferenciaba.

→ **Elige una palabra de la actividad anterior de la que no conocías su significado o te parezca difícil. Escribe una oración con ella.**

Palabra: ....

Oración: ....

Encaja las piezas

Elige un grupo de palabras de cada columna y forma cinco oraciones. Escríbelas debajo.

Hizo enmarcar	al anciano aristócrata	a cuidar	nobles?
¿Por qué	no pudo evitar	y lo colgó	una sonora carcajada.
Acompañó	se alegraron tanto	durante	del duque.
Eugéne dedicó	el anuncio	soltar	en el salón.
El duque	mucho tiempo	estos distinguidos	los últimos años.

1 ....

2 ....

3 ....

4 ....

5 ....

Palabras clave

Lee el texto y elige las dos palabras que consideres más importantes para resumirlo.

Queremos advertirle que tiene usted terminantemente prohibido introducir en nuestra casa ningún ejemplar de *Alicia en el País de las Maravillas*. Si lo hace, será despedida.

➜ **He elegido las palabras...**

.... : porque ....

.... : porque ....

¿Qué sabes de la lectura en voz alta?

Indica si cada una de las siguientes afirmaciones son verdaderas (V) o falsas (F).

	V	F
Cuando se lee para uno mismo, se utiliza una lectura silenciosa.	☐	☐
Cuando se lee para los demás, se lee en voz alta.	☐	☐
Antes de leer en voz alta, es mejor no preparar el texto en silencio.	☐	☐
Cuando se lee para uno mismo, la postura no importa.	☐	☐
Para evitar los nervios, lo mejor es taparse la cara con el libro.	☐	☐
Hay que mirar a los oyentes, captar su atención.	☐	☐
Los nervios se evitan preparando antes bien la lectura.	☐	☐
Lo más importante al leer en voz alta es que entiendan tu mensaje.	☐	☐
La velocidad, el volumen, la pronunciación…, hay que entrenarlas.	☐	☐
Cuando lees en voz alta, no sirve de nada adelantarse al texto.	☐	☐

➡ **Marca la viñeta que se refiere a alguna de las afirmaciones verdaderas anteriores.**

Letras repetidas

Escribe las tres letras que se repiten en cada grupo.

T	N	Y	K
M	G	Q	M
K	I	S	A
O	T	H	Ñ

P	O	I	U
Y	T	R	E
W	Q	A	S
F	Y	O	R

G	H	U	J
U	J	K	D
N	X	S	U
Z	Ñ	V	Z

_____ _____ _____ _____ _____ _____ _____ _____ _____

Solo con los ojos

Lee las palabras de cada etiqueta de un solo golpe de vista.

Resolver el desbarajuste provocado por Eugéne fue complicado, en especial recuperar los pájaros, que se resistían a volver a sus jaulas. El capitán, malhumorado por el retraso, dio orden de que los pasajeros embarcaran inmediatamente.

➜ **¿Qué orden dio el capitán?**

_____

Lee cada pareja de palabras fijando la vista en el punto.

abrir ● cerrar	joven ● tinta	francés ● inglés
forma ● hablar	retrato ● anuncio	suerte ● criada
historia ● suceso	conde ● barón	sopera ● señora
anuncio ● asombro	ciego ● sordo	anuncio ● voluntad

➜ **¿Qué palabra se repite tres veces?** _____

Busca, en las columnas del mismo color, parejas de palabras que son diferentes. Subráyalas en las columnas 3 y 4.

1	**2**	**3**	**4**
mansión	techo	mansión	lecho
primero	barco	primero	barco
alto	hija	salto	hija
cuadro	pelo	cuatro	peto
cabeza	rostro	cabeza	rostro
pariente	libro	paciente	libro
anuncio	saludo	anuncio	saludo
asombro	puerto	asomo	puerta

Anuncios en línea

Lee el anuncio atentamente y realiza las actividades.

LA MEJOR WEB PARA EL EMPLEO INTERNACIONAL

SE BUSCA

Clica el ámbito
que te interese

· Construcción
· Diseño gráfico
· Electrónica
· Fontanería
· Ilustración
· Imagen y sonido
· Jardinería

SE OFRECE

¡URGE!

Se necesita urgentemente:
Institutriz francesa con capacidad para mentir en varios idiomas.
Se requieren buenas referencias y buena educación...
más

OTRAS OFERTAS

> Hoy, mademoiselle Chignon encontraría el anuncio en Internet.

→ **Indica si las siguientes afirmaciones son verdaderas (V) o falsas (F):**

	V	F
• En este sitio web no podría encontrar trabajo en Londres.	☐	☐
• Podría saber más datos de la oferta destacada.	☐	☐
• En "Se busca", los ámbitos aparecen según un orden concreto.	☐	☐
• La información de "¡Urge!" no me permite seguir navegando.	☐	☐
• Para localizar una oferta que me interese debo seguir navegando.	☐	☐

→ *Fontanería* **aparece como:**

☐ Un ámbito laboral donde se encuentran ofertas de empleo.

☐ Un ámbito laboral donde se encuentran demandas de empleo.

→ **Las demandas de empleo aparecen:**

☐ Ordenadas cronológicamente.   ☐ De mayor a menor importancia.

☐ Ordenadas alfabéticamente.   ☐ Por la extensión de la palabra.

→ **¿Cuál de los siguientes ámbitos aparecerá en último lugar?**

☐ Periodismo.   ☐ Ebanistería.   ☐ Radiología.

☐ Psicología.   ☐ Imagen y sonido.   ☐ Abogacía.

 **¡Empezamos!**

Lee los **capítulos 5 y 6** y, después, realiza las actividades.

→ **¿Qué se le cayó al camarero?**

a Una bandeja con vasos.

b Una bandeja con frutas.

c Una sopera.

d Cinco platos con jamón.

→ **¿Qué llevaba el carrito de monsieur Travagant?**

a Un bebé.

b Un pájaro extraño.

c Un huevo.

d Un cofre con un tesoro.

→ **¿Cómo era el huevo?**

a Transparente.

b El más pequeño del mundo.

c El más raro del mundo.

d El más grande del mundo.

→ **¿Dónde se quedó encerrado el reverendo?**

a En un baúl.

b En un camarote.

c En la sala de máquinas.

d En un bote salvavidas.

→ **Marca las afirmaciones que son verdaderas.**

☐ Era la tercera vez que Eugéne viajaba a Estados Unidos.

☐ Al llegar a Nueva York, vieron un grupo de ballenas.

☐ Los pasajeros pidieron al capitán que Eugéne bajase la última.

☐ Un montón de periodistas esperaban la llegada del barco.

☐ Peter David bajó por la misma pasarela, pero disfrazado de capitán.

→ **¿A quién esperaban los periodistas?**

☐ A Eugéne.

☐ Al señor Peter Davies.

☐ Al señor Travagant.

→ **¿Qué función tenían las tarjetas de visita que se intercambiaban los pasajeros?**

→ **Actualmente, con los móviles y las redes sociales, ¿crees que las tarjetas de visita son útiles?**

Juega con las palabras

Busca cada palabra en la página indicada del libro. Lee el párrafo en el que está para deducir su significado.

➡️ **Escribe el número de cada palabra junto a su significado.**

1 **muelle** (página 34)

2 **consternado** (página 34)

3 **consuelo** (página 36)

4 **cubierta** (página 38)

5 **hervidero** (página 44)

6 **belga** (página 47)

7 **reverso** (página 47)

8 **retratar** (página 47)

◻️ Descanso y alivio de la pena.

◻️ Piso superior de un navío.

◻️ Parte opuesta al frente de una cosa.

◻️ Fotografiar o dibujar la figura de una persona.

◻️ Construcción para el embarque y desembarque.

◻️ Natural de Bélgica, país de Europa.

◻️ Muchedumbre de personas en movimiento.

◻️ Con el ánimo abatido, alterado.

Texto numerado

Lee este texto numerado.

1 Monsieur Travagant llegó
2 hasta la mesa. En una mano
3 llevaba un bastón y con la otra
4 empujaba un carrito
5 para bebés, que aparcó
6 cuidadoso junto a la mesa.
7 Después, con gesto
8 ceremonioso y una gran
9 sonrisa se presentó
10 formalmente:
11 —Baptiste Travagant,
12 caballero belga y
13 ciudadano del mundo,
14 para servirles.
15 Davies le estrechó la mano:
16 —Peter Davies, editor.
17 —Y le presento a mademoiselle
18 Eugéne Chignon —Davies se
19 giró hacia Eugéne.
20 —Lo siento, señorita, no conozco
21 su ocupación. ¿A qué se dedica?
22 —Soy institutriz.

➡️ **Di en qué renglón aparecen las siguientes palabras.**

- editor: ....
- caballero: ....
- carrito: ....
- mundo: ....
- sonrisa: ....
- gesto: ....

➡️ **¿En qué renglones están las respuestas a estas preguntas?**

- ¿Dónde aparcó monsieur Travagant el carrito para bebés? ....
- ¿Cuál es la ocupación de mademoiselle Eugéne? ....

Verdadero o falso

Vuelve a leer el texto de la página anterior.

➜ **Indica si las siguientes afirmaciones son verdaderas (V) o falsas (F)**

	V	F

- Monsieur Travagant llevaba un paraguas en una mano. ☐ ☐
- Monsieur Travagant no habló durante toda la cena. ☐ ☐
- Monsieur Travagant era belga. ☐ ☐
- Davies estrechó la mano de monsieur Travagant. ☐ ☐
- Davies era editor. ☐ ☐
- Eugéne se dedicaba a criar caballos. ☐ ☐
- Travagant parecía entristecido. ☐ ☐
- Travagant golpeó el suelo con su bastón. ☐ ☐

Sigue las pistas

Averigua a quién corresponde cada maleta y escribe su nombre.

La maleta de Travagant es azul.

La maleta de Davies solo tiene un color.

La maleta de Eugéne tiene cuadros de colores.

Una maleta es de un pasajero desconocido

La maleta de lady Westmister está a la derecha de la maleta de Eugéne.

Pistas

1   2   3   4   5

Al revés

Las palabras de la columna A están escritas a la inversa en la columna B. Relaciónalas escribiendo la letra correspondiente en cada caso.

	A		B		A		B
A	raíz		nevoj	L	grito		ocrab
B	suceso		nótsab	M	delfín		oveuh
C	joven		asem	N	espuma		nífled
D	fruta		acihc	Ñ	barco		otirrac
E	mesa	A	zíar	O	edificio		alerasap
F	asiento		etogib	P	viaje		aramác
G	bastón		rotide	Q	huevo		otirg
H	editor		atreibuc	R	cámara		aiciton
I	chica		osecus	S	carrito		amupse
J	bigote		otneisa	T	pasarela		oicifide
K	cubierta		aturf	U	noticia		ejaiv

¿Cómo pronuncias?

Practica con estos trabalenguas para mejorar tu pronunciación. Prepáralos en silencio antes de leerlos en voz alta.

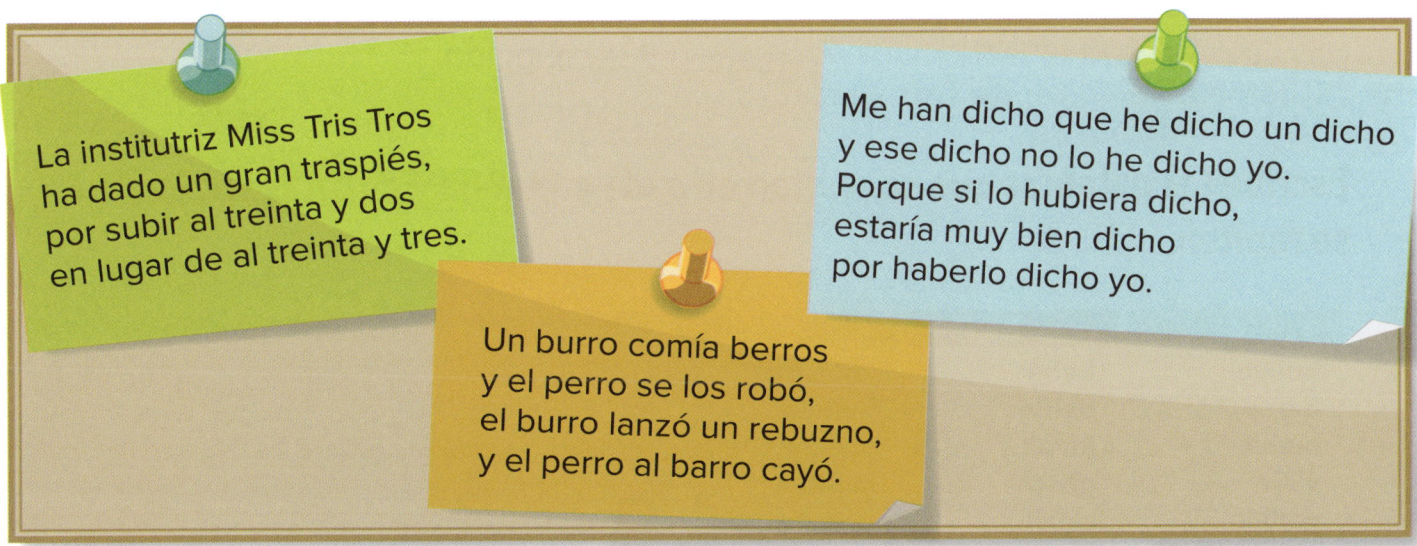

La institutriz Miss Tris Tros ha dado un gran traspiés, por subir al treinta y dos en lugar de al treinta y tres.

Un burro comía berros y el perro se los robó, el burro lanzó un rebuzno, y el perro al barro cayó.

Me han dicho que he dicho un dicho y ese dicho no lo he dicho yo. Porque si lo hubiera dicho, estaría muy bien dicho por haberlo dicho yo.

AUTOEVALUACIÓN

¿**Pronuncias** correctamente el texto para que te entiendan con claridad?

Valóralo del 1 al 10

1 2 3 4 5 6 7 8 9 10

Solo con los ojos

Lee el texto saltando de la columna izquierda a la derecha.

Baptiste Travagant y Peter Davies
se quedaron con ella, haciéndole compañía.
La verdad es que habían sido unos
excelentes compañeros de viaje,
soportando con muy buen humor
los accidentes que Eugéne provocaba.
Había tenido con ellos divertidas charlas,
sobre todo, con el señor Davies,
quien sabía mucho de literatura.

➜ **¿Cómo soportaban los señores los accidentes que provocaba Eugéne?**

Lee cada pareja de palabras fijando la vista en el punto.

muelle ● viaje	belga ● barco	delfín ● huevo
bandeja ● francesa	humo ● hijo	silueta ● libros
cenar ● huevo	pantano ● baúles	tarjeta ● reverso
sonrisa ● travieso	huevo ● gritos	maleta ● carrera

➜ **¿Qué palabra se repite tres veces?** _____

Escribe las palabras que se repiten en cada columna y cuántas veces se repiten.

A	B	C
huevo	bebé	contacto
barco	delfín	humor
muelle	joven	suerte
viaje	gritos	capitán
gallina	carrito	cámara
ave	delfín	capitán
barco	equipaje	humor
asunto	delfín	cubierta
viaje	brazo	mano
editor	tarjeta	capitán
muelle	bebé	puesto
mesa	delfín	cubierta
barco	gritos	nervios

A
_____

B
_____

C
_____

Hacer la maleta

Lee atentamente estas indicaciones y realiza las actividades.

ELIGE LA MALETA

La elección del tipo de maleta depende del viaje y del medio de transporte. Las rígidas y con ruedas son las mejores.

HAZ LA LISTA

Para que no se te olvide nada, elabora una lista completa: Objetos, Ropa, Aseo, Documentación...

ORDENA

Coloca las prendas que menos se arrugan en el fondo y sobre ellas, la ropa más fina. Pon en los laterales el neceser, los zapatos...

¿CÓMO SE COLOCAN?

Pon los pantalones a lo largo de la maleta dejando fuera la mitad. Coloca encima las camisas y dobla el pantalón sobre ellas.

ANTES DE CERRARLA

Coloca una toalla sobre la ropa y abrocha las correas interiores. No está de más asegurarla con un cinto exterior.

¡MENUDOS TRUCOS!

Guarda la lista dentro de la maleta para el próximo viaje. Los objetos pequeños puedes colocarlos en el interior de los zapatos.

➡ **Indica si las siguientes afirmaciones son verdaderas (V) o falsas (F):**

V F

- Las prendas que más se arrugan se colocan en el fondo. ☐ ☐
- Las mejores maletas son las que llevan ruedas. ☐ ☐
- Cada vez que se viaja hay que hacer una lista nueva. ☐ ☐
- En los zapatos podemos guardar pequeños objetos. ☐ ☐
- Las correas interiores nunca se abrochan. ☐ ☐

➡ **Numera del 1 al 4 los pasos para hacer una maleta.**

☐ Hacer una lista. ☐ Cerrarla. ☐ Elegir el tipo de maleta. ☐ Ordenar las prendas.

➡ **¿Para qué puedes reservar los espacios laterales?**

....

➡ **¿Qué información te ha resultado de más utilidad?**

....

LEE EN SILENCIO

Puedes consultar el libro las veces que lo necesites

¡Empezamos!

Lee los capítulos 7 y 8 y, después, realiza las actividades.

➡ **¿Cómo era la casa de los Welrush?**

a Pequeña pero elegante.

b Muy antigua y mal conservada.

c Grande y majestuosa.

d Un pequeño piso sin ascensor.

e Una enorme cabaña en el campo.

➡ **¿Cuántas veces volcó su taza Eugéne?**

a Ninguna.

b Una.

c Tres.

d Cinco.

e Diez.

➡ **Timothy Stilt llevaba en la cabeza…**

a una chistera.

b un bombín.

c un sombrero de ala ancha.

d una gorra.

e una boina.

➡ **¿Cuánto pastel comió Timothy?**

a Un trozo muy pequeño.

b Dos trozos.

c Dos trozos y medio.

d Se lo comió entero.

e Ninguno, no lo probó.

➡ **Marca las tres afirmaciones que son verdaderas.**

☐ Timothy no se atrevió a convertirse en empresario.

☐ A Timothy, estando muy débil, lo encontró una compañía de circo ambulante.

☐ Timothy siempre tiene hambre.

☐ El señor Welrush llevaba una barba larguísima que le tapaba la corbata.

☐ La hija de los Welrush, Alice, quiere ser Alicia, el personaje de Lewis Carroll.

☐ Los señores Welrush exigen a Eugéne que nunca mienta a su hija.

➡ **Lee las siguientes afirmaciones y diferencia las que son opinión (O) o un hecho (H)**

	O	H
• La señora Welrush y su hermano Timothy eran de origen inglés.	☐	☐
• A Eugéne le pareció que los días de los tropezones habían quedado atrás.	☐	☐
• Cuando Alice Liddell tenía diez años, conoció a Lewis Carroll.	☐	☐
• A Alice Liddell la iban a homenajear al cumplir ochenta años.	☐	☐
• Eugéne creía que las piezas de porcelana eran caras.	☐	☐

Juega con las palabras

Busca cada palabra en la página indicada del libro. Lee el párrafo en el que está para deducir su significado.

➡ **Marca cuál es el significado correcto.**

● **cortés** (página 54)

- ☐ Cámaras que representan al pueblo.
- ☐ Atento y de buen trato.
- ☐ Heridas producidas por algo cortante.

● **coraje** (página 60)

- ☐ Decisión impetuosa, valor.
- ☐ Conjunto de correas.
- ☐ Reparte las cartas en un juego.

● **hazmerreír** (página 66)

- ☐ Demostración de afecto y respeto.
- ☐ Persona propensa a la sonrisa.
- ☐ Persona que sirve de diversión.

● **porcelana** (página 70)

- ☐ Material de cerámica fría y brillante.
- ☐ Prenda de vestir de lana.
- ☐ Yegua destinada a concursos.

● **zancada** (página 55)

- ☐ Paso largo y acelerado.
- ☐ Baile con zancos.
- ☐ Herramienta para labrar el campo.

● **ambulante** (página 61)

- ☐ Hacia adelante, enfrente.
- ☐ Que va de un lugar a otro.
- ☐ Dispensario médico.

● **burdeos** (página 70)

- ☐ Personas groseras.
- ☐ Color rojo oscuro.
- ☐ Transportadores de troncos.

● **picaporte** (página 71)

- ☐ Trozo pequeño de pan tostado.
- ☐ Ave de rapiña.
- ☐ Instrumento para cerrar las puertas.

Señala las oraciones en las que la palabra resaltada se usa correctamente.

- ☐ Mi abuela siempre servía el puré con **picaportes.**
- ☐ Se dedicaba a la venta **ambulante,** de un sitio a otro.
- ☐ Los militares lucían un **coraje** de piel brillante.
- ☐ Todos los jarrones de su casa eran de **porcelana** fina.

➡ **Elige una palabra de la actividad anterior de la que no conocías su significado o te parezca difícil. Escribe una oración con ella.**

Palabra: ....

Oración: ....

En resumen

Marca el resumen que sea más apropiado para este texto.

El señor Welrush parecía estar perdiendo la paciencia.

—Verá, señorita, mi hija Alice tiene una obsesión –dijo–. Está obsesionada con el personaje de *Alicia en el País de las Maravillas.* Quiere ser esa Alicia, el personaje de Lewis Carroll. Se viste y se peina como ella. Pero eso no es lo peor. Intenta colarse por los agujeros de los árboles, busca madrigueras de conejos, hace y dice todo tipo de locuras.

A Alice le gustaría ser Alicia, el personaje de Lewis Carrol, pero le da miedo colarse por los agujeros de los árboles.

Alice está obsesionada con ser como la niña protagonista de *Alicia en el País de las Maravillas.* La imita en todo.

El señor Welrush está contento con la decisión de su hija de ser como otra niña, pero le preocupa que quiera peinase como ella.

Encaja las piezas

Ordena las palabras para formar oraciones y escríbelas debajo.

1 una Era casa majestuosa grande y.

....

2 negó La señora Welrush la con cabeza.

....

3 Monté importación un exportación negocio de e.

....

4 una Lo encontró circo compañía de.

....

5 orejas Tenía pequeñas las y redondas.

....

¡Mucha atención!

Escribe las veces que se repiten las letras o los números que se indican en cada cuadro.

ñ	a	u	n	h	m
s	f	x	y	d	g
m	q	m	t	o	n
l	n	r	ñ	z	m
c	h	v	g	b	u
u	ñ	m	n	p	e

Letra	Repeticiones
n	
ñ	
m	
u	

P	A	F	G	B	9
6	1	5	6	D	L
B	0	2	P	4	7
0	9	H	S	6	4
3	J	8	B	2	K
6	B	T	9	P	6

Letra o número	Repeticiones
P	
6	
B	
9	

3	1	5	0	5	9
1	7	6	2	3	8
5	9	4	1	8	4
7	8	4	3	0	5
0	5	6	7	6	2
3	8	3	2	9	7

Número	Repeticiones
3	
7	
5	
9	

¿Usas el volumen adecuado?

Lee cada línea del texto con la intensidad indicada.

grito	El señor Welrush se parecía a una morsa
normal	a la que le hubiesen robado los colmillos.
alarido	Tenía una cabeza esférica, con unas orejas
normal	pequeñas y redondas como botones. Los ojos eran diminutos,
susurro	brillantes y muy separados entre sí. Bajo los ojos
grito	se encontraban una nariz chata
alarido	y un gran mostacho, abundante y marrón.
normal	No parecía tener cuello, sino una serie de pliegues
susurro	que conectaban la cabeza con un cuerpo globoso
grito	e hinchado, que inflaba hasta el límite una chaqueta azul.

Autoevaluación

¿Has usado la **intensidad** y **volumen** adecuados para leer el texto?

Valóralo del 1 al 10

1 2 3 4 5 6 7 8 9 10

Solo con los ojos

Lee las palabras de cada etiqueta de un solo golpe de vista y contesta a la pregunta.

La forma   de andar   de aquel   hombre era extraña.   Adelantaba   una de sus larguísimas piernas   lentamente,   extendiéndola en   una gran zancada como si fuese   de goma y,   cuando ese   pie ya   estaba fijo   en el suelo,   de un movimiento   veloz desplazaba   la otra pierna,   que se unía al instante   a su compañera.

➜ **¿Cómo era la forma de andar de aquel hombre?** ....

Lee cada pareja de palabras fijando la vista en el punto.

belga	●	siglo
seis	●	diez
grande	●	familia
criada	●	cortés

techo	●	suelo
traje	●	nariz
pastel	●	belga
trozo	●	taza

suerte	●	talento
ruina	●	coraje
minuto	●	morsa
belga	●	cuello

➜ **¿Qué palabra se repite tres veces?** ....

Busca las palabras que no se repiten y escríbelas.

plato	taza	jarrón	trozo	plato	jarrón	taza	....
porción	mirada	botines	suelo	traje	porción	porción	....
suelo	circo	jarrón	miga	trozo	miga	mirada	....

motor	locura	locura	francés	bigote	hambre	tetera	....
locura	dueño	bigote	motor	pastel	bigote	pastel	....
francés	circo	circo	tetera	inglés	bigote	hambre	....

Tarta de chocolate

Lee con atención esta receta y realiza las actividades.

INGREDIENTES

100 gr. de almendras molidas.
100 gr. de mantequilla.
100 gr. de chocolate negro.
100 gr. de galletas maría.
100 gr de azúcar.
1 sobre de levadura.
1/2 vaso de leche.
3 huevos.

ELABORACIÓN

- Engrasa el molde frotando el interior con un trozo de mantequilla.
- Derrite el chocolate con la leche en el microondas.
- Bate los huevos.
- Muele las galletas.
- Mezcla todos los ingredientes con la batidora. No te olvides de la levadura.
- Cocina el molde en el microondas 8 minutos. (Para comprobar que está hecha, pínchala con un palillo. Si sale manchado, déjala un minuto más).
- Deja enfriar la tarta y vuélcala con un plato para sacarla del molde.
- Decórala con más chocolate líquido, nata, bolitas de colores…

➡ **Indica si las siguientes afirmaciones son verdaderas (V) o falsas (F).**

	V	F
La receta se prepara en un horno a 180 grados.	☐	☐
El microondas se enciende durante 8 minutos.	☐	☐
Se necesitan 100 gr. de 5 de los ingredientes.	☐	☐
No es necesario echar levadura.	☐	☐
Hacen falta 2 huevos y 1 vaso de leche.	☐	☐

➡ **Numera del 1 al 6 los pasos para preparar la tarta.**

☐ Cocina 8 minutos en el microondas.
☐ Bate todos los ingredientes.
☐ Bate los huevos.

☐ Engrasa el molde.
☐ Derrite el chocolate.
☐ Muele las galletas.

➡ **¿Cómo puedes saber si la tarta está cocinada?**

....

➡ **¿Cómo te gustaría decorar la tarta?**

....

➡ **¿Qué paso te parece más difícil?**

....

Organiza las ideas

Fíjate en las palabras de este texto y dónde se colocan en el gráfico.

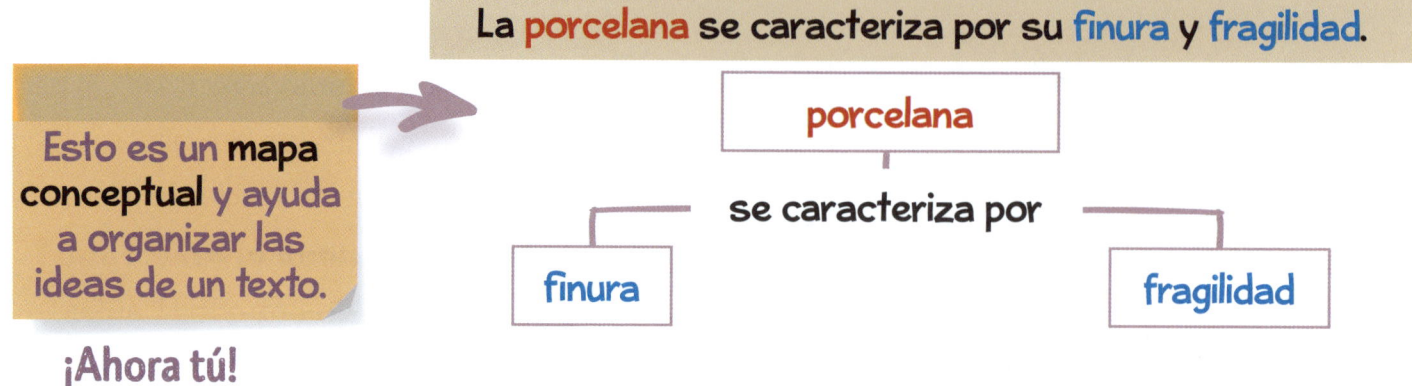

La **porcelana** se caracteriza por su **finura** y **fragilidad**.

> porcelana
>
> se caracteriza por
>
> finura   fragilidad

Esto es un **mapa conceptual** y ayuda a organizar las ideas de un texto.

¡Ahora tú!

➤ Rodea con un círculo rojo el concepto central y con un círculo azul los conceptos principales. Subraya las palabras de enlace.

La porcelana se compone de feldespato, caolín y arcilla.

➤ Coloca cada una en su lugar correspondiente.

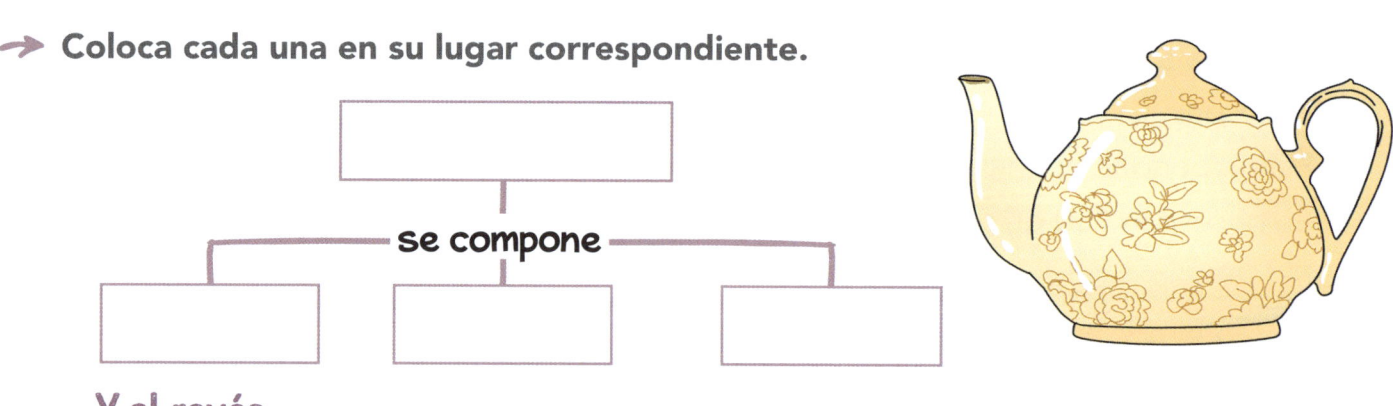

se compone

... Y al revés.

➤ Escribe el texto que corresponda a las palabras del gráfico.

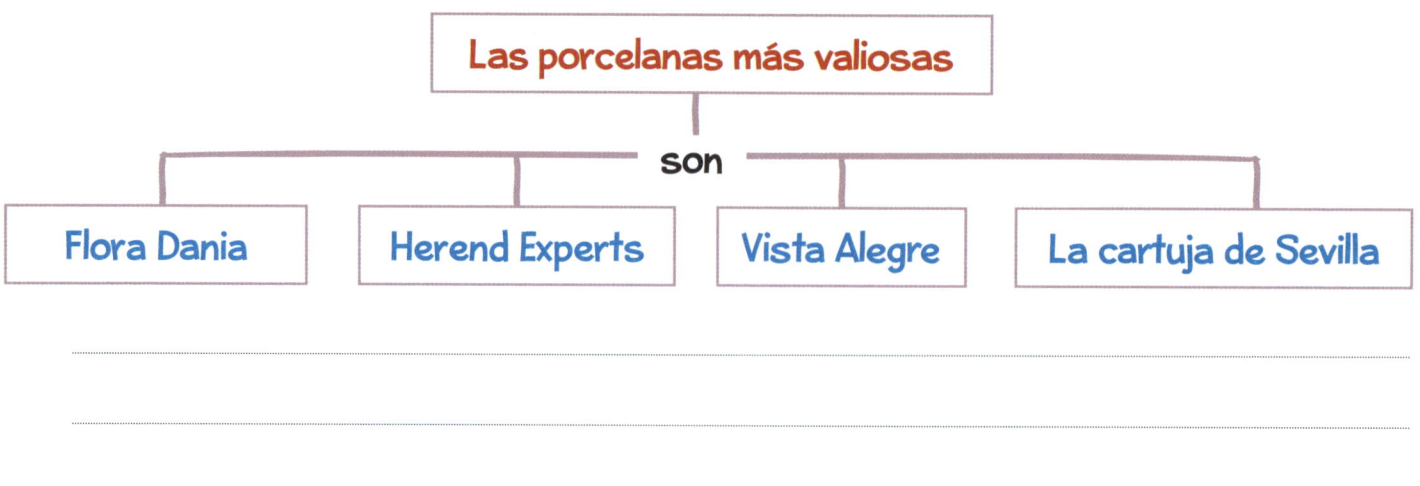

> Las porcelanas más valiosas
>
> son
>
> Flora Dania   Herend Experts   Vista Alegre   La cartuja de Sevilla

....

....

....

Lío en el transatlántico

Presta atención al texto que vas a escuchar. Luego, realiza las actividades.

→ **¿Qué color estaba de moda entre las damas?**

a El marrón chocolate.

b El crema.

c El verde manzana.

→ **¿Por qué se querían cambiar las damas el sombrero?**

a Porque hacía mucho viento.

b Para protegerse más del sol.

c Para no confundirse con el color de la cubierta.

→ **¿De qué color era el sombrero de Eugéne?**

a Azul.

b Rojo.

c Blanco.

→ **El reverendo estaba allí para...**

a viajar a Nueva York.

b despedir a un amigo.

c bendecir la salida del barco.

→ **¿Cómo quedó el reverendo?**

a Enterrado entre los baúles.

b Flotando en el mar.

c En un calabozo del barco.

→ **Los pájaros se resistían...**

a a comer.

b a volver a sus jaulas.

c a salir de las jaulas.

→ **Marca las tres afirmaciones que son verdaderas.**

☐ El capitán pintó la cubierta de un color que le gustaba a las damas.

☐ Las damas solo llevaban unas pocas maletas muy pequeñas.

☐ Eugéne solo tenía tres sombreros.

☐ Eugéne empujó sin querer la silla de ruedas de un anciano.

☐ Todos los pájaros volvieron a sus jaulas.

☐ Un hombre con buenos reflejos consiguió frenar la silla de ruedas.

→ **Numera del 1 al 4 estas situaciones según el orden en el que suceden.**

☐ El revendo sale disparado y choca contra el equipaje.

☐ La silla de ruedas con el anciano y el reverendo se desliza veloz.

☐ Eugéne se apoya en unas cajas y empuja una silla de ruedas.

☐ Las damas de la alta sociedad se quieren cambiar de sombrero.

→ **Relaciona con flechas cada personaje con lo que puede pensar.**

Eugéne • 　　　　• ¡Que me la pegooooo!

Damas • 　　　　• Si lo llego a saber, no pinto la cubierta.

Reverendo • 　　　　• ¡Lo siento! No quería empujar la silla de ruedas.

Capitán • 　　　　• ¡Qué horror! Hay que cambiarse el sombrero.

23

JUEGO 4

¡Empezamos!

Lee los capítulos 9 y 10 y, después, realiza las actividades.

→ **¿Cómo estaba Alice?**

a Contenta.

b Enfadada.

c Con mucho miedo.

→ **¿Qué le han quitado a Alice?**

a Los libros de Lewis Carroll.

b Su casa de muñecas.

c La bicicleta.

→ **¿Qué hizo Alice con la casa de muñecas?**

a La pintó de color rosa.

b Construyó un piso encima.

c Le arrancó uno de los pisos.

→ **¿Qué intercambiaron Timothy y Alice?**

a Un guiño simpático.

b Un doble parpadeo.

c Unas monedas orientales.

→ **¿Qué haría desaparecer el señor Welrush? Señala dos opciones.**

☐ A su hija Alice.

☐ A Timothy Stilt.

☐ La mesa de billar.

☐ El Comité de Excelencia.

☐ El Comité de Magnificación.

☐ Una flor de papel.

→ **Marca las dos afirmaciones que son verdaderas.**

☐ Quieren eliminar el Comité de Magnificación.

☐ La noticia del periódico asegura que la verdadera Alicia no volverá a América.

☐ El rector de la universidad es premio Nobel de la Paz.

☐ El señor Welrush quiere comprar una mesa de billar.

→ **Numera del 1 al 5 estas situaciones según el orden en el que suceden.**

☐ El señor Welrush le cuenta a Alice su problema con el Comité que preside.

☐ Alice encuentra al señor Welrush jugando al billar.

☐ Eugéne descubre una noticia en un periódico y se la esconde a Alice.

☐ Eugéne le enseña al señor Welrush la noticia que ha encontrado.

☐ Eugéne y Alicia hacen flores con papel de periódico.

→ **¿Cómo es la relación de Alice con sus padres?**

Juega con las palabras

Busca cada palabra en la página indicada del libro. Lee el párrafo en el que está para deducir su significado.

➡ **Escribe el número de cada palabra junto a su significado.**

1. **semblante** (página 72)
2. **entrecejo** (página 72)
3. **atónita** (página 74)
4. **réplica** (página 74)
5. **rabia** (página 75)
6. **dócil** (página 78)
7. **peculiares** (página 82)
8. **ceniciento** (página 88)
9. **furia** (página 88)
10. **papada** (página 88)

Que obedece.

Agresividad en exceso.

Representación del estado de ánimo en el rostro.

Pasmada por un suceso raro.

Abultamiento de carne debajo de la barba.

Espacio que hay entre las cejas.

Color gris claro semejante al de la ceniza.

Propios de cada persona.

Copia exacta de algo.

Ira, enojo, enfado grande.

Sopa de letras

Busca los nombres de los personajes en la sopa de letras. Pueden leerse del derecho o del revés.

A	L	T	I	S	E	I	V	A	D
A	L	I	C	E	C	R	I	A	E
L	N	M	E	U	L	E	P	A	O
I	N	O	Í	G	S	I	D	A	T
C	Ó	T	E	É	L	N	A	G	A
I	R	H	S	N	M	A	A	U	G
A	I	Y	R	E	A	V	I	R	L
L	L	A	S	O	J	E	N	O	C
L	E	L	I	E	B	R	E	W	I
T	R	A	V	A	G	A	N	T	S

CONEJO   TRAVAGANT
GATO   ALICE
REINA   EUGÉNE
ORUGA   TIMOTHY
LIRÓN   ALICIA
LIEBRE   DAVIES

➡ **Forma el título de una novela de Carroll y su nombre con las letras que han sobrado.**

Título del libro: ....

Nombre: ....

A ver si recuerdas

Recuerda los personajes de la actividad anterior y tacha los diez nombres que no se encontraban en la sopa de letras.

Pulgarcito   Timothy   Holmes   Conejo   Eugéne   Alicia   Bruja

Harry Potter   Lobo   Matilda   Liebre   Geppetto   Princesa

Gato   Reina   Travagant   Davies   Oruga   Peter Pan   Simbad

Observa durante un minuto los objetos y animales representados. Luego tápalos y escribe el nombre de todos los que recuerdes.

....

Palabras clave

Lee el texto y subraya las cuatro palabras que consideres más importantes para resumirlo.

> Alice abandonó de nuevo su enfado y se abalanzó hacia su tío, dándole un gran abrazo. En realidad, abrazó una de sus piernas, puesto que el resto del señor Stilt quedaba fuera de su alcance. Timothy se quitó el bombín y se lo puso a Alice en la cabeza.
>
> —Te queda mucho mejor a ti que a mí —le dijo.

➔ Sin mirar el texto y usando las palabras que has subrayado, escribe el resumen en dos líneas.

....

➔ Por último, cuenta el resumen al resto de la clase.

¡Mucha atención!

Busca en el espejo, lo más rápido que puedas, la solución a las preguntas que tienes debajo.

1	7	5	p	1	Ñ	3	
t	3	A	8	2	9	8	
6	E	I	P	d	3	d	
O	4	9	S	3	4	P	
8	A	2	a	M	6	5	
2	P	E	I	b	e	Z	

Las letras pueden ser mayúsculas o minúsculas.

→ **¿Qué vocal falta en el espejo?** _____

→ **¿Qué números se repiten tres veces?** _____, _____.

→ **¿Qué letra se repite cuatro veces?** _____.

→ **¿Qué número no se repite?** _____.

→ **¿Qué vocal solo aparece una vez?** _____.

¿Cuidas la velocidad?

Prepara la lectura en silencio. Luego lee en voz alta.

→ **Debes leer muy rápido las palabras en negrita y muy despacio, las subrayadas.**

Como a Eugéne **no le salían las flores** tan bien como a la niña, <u>optaron por trabajar en equipo</u>. Eugéne preparaba **los trozos de periódicos** del tamaño adecuado y <u>Alice los doblaba hasta hacer</u> una rosa. **Alice ponía una absoluta atención** en lo que hacía. Lo que fue un <u>alivio cuando Eugéne descubrió</u> alarmada que en uno de los periódicos **venía una noticia que Alice** no debía saber. <u>Eugéne arrugó la hoja</u> y la escondió en uno **de sus bolsillos.** La niña no se dio cuenta, <u>no solo porque estaba</u> concentrada, **sino porque Timothy** Stilt se **acercó** dando sus <u>peculiares zancadas</u>.

AUTOEVALUACIÓN

¿Tu **velocidad** ha sido la adecuada para que se entienda bien el texto?

Valóralo del 1 al 10

1	2	3	4	5	6	7	8	9	10

Solo con los ojos

Lee las palabras de cada etiqueta de un solo golpe de vista.

El señor   Welrush tenía   uno de aquellos   palos de billar   en la mano e,

inclinado sobre   la mesa,   golpeaba las bolas   con energía,

desahogando algún   enfado interior.   Golpeaba con   tanta rabia

que una   de las bolas   salió por los aires,   rebotó y llegó

hasta los pies   de Eugéne.

➡ **¿Qué salió por los aires?** ....

Lee cada pareja de palabras fijando la vista en el punto.

día ● hija	cara ● rosa	ocho ● cien
clase ● color	billar ● flores	bigote ● premio
punto ● libro	pared ● tacos	ceño ● billar
billar ● bola	golpe ● nada	rector ● brazo

➡ **¿Qué palabra se repite tres veces?** ....

¿Cuántas veces se repite la primera palabra de cada serie?

rosa	cosa, fosa, posa, sosa, rosa, tosa, rasa, rusa, rosa, roba, roca, roma, roña, rosa, ropa, roza, casa, rosa, cesa, rota, cosa, rosa, fosa, posa, rosa, sosa, tosa, rosa, rasa, rusa.	☐
bola	cola, bola, sola, bala, bola, bota, boca, boda, bola, bolsa, bollo, bolso, bola, bello, cola, bola, sola, bala, bola, bota, boca, boda, bolsa, bola, bollo, bolso, bola, bello, bala.	☐
gato	dato, bata, lata, gato, nato, nata, gafe, gato, gota, jeta, gato, gusto, gato, gesto, dato, gato, bata, lata, gato, nato, nata, gafe, gato, gota, jeta, gusto, gato, gesto, gato, gota.	☐
ratón	cajón, latón, catón, ratón, faltón, pato, ladrón, padrón, rato, rata, catón, ratón, faltón, pato, ladrón, ratón, padrón, rato, rata, ratón, cajón, ratón, latón, catón, ratón, faltón, pato, ratón, ladrón, padrón.	☐

Noticia de última hora

Lee con atención esta noticia y realiza las actividades.

The New York Times

New York, Sunday, May, 1, 1932.   One cent.

LA ALICIA ORIGINAL VISITA AMÉRICA

ALICE DIDDELL, la niña que hace setenta años inspiró a Lewis Carroll para crear el personaje principal del famoso libro *Alicia en el País de las Maravillas*, visita América. El próximo día 4, miércoles, con motivo del ochenta cumpleaños de Alice, se celebrará un acto solemne en la universidad. El homenaje será presentado por Nicholas Murray, rector de la universidad y reciente premio Nobel de la Paz.

El emotivo encuentro ha sido organizado gracias al esfuerzo del Comité de Excelencia de la universidad.

Una vez finalizado, todos los asistentes están invitados a un aperitivo que se ofrecerá en la sala contigua al salón de áctos.

→ **Indica si las siguientes afirmaciones son verdaderas (V) o falsas (F).**

	V	F
Alice Diddell inspiró la creación de Peter Pan.	☐	☐
El periódico se publicó el domingo 1 de mayo.	☐	☐
El periódico cuesta diez centavos.	☐	☐
El acto lo organiza el Comité de Magnificación.	☐	☐
Los asistentes están invitados a un aperitivo.	☐	☐

→ **¿Qué tipo de texto es una noticia?**

☐ Científico.   ☐ Histórico.   ☐ Informativo.   ☐ Tecnológico.   ☐ Poético.

→ **¿Qué importante premio tiene el rector de la universidad?**

....

→ **¿Por qué se celebra el homenaje un 4 de mayo?**

....
....

→ **¿Cuál es la información más importante del texto?**

....

JUEGO 5

¡Empezamos!

Lee los capítulos 11 y 12 y, después, realiza las actividades.

→ **Al oír el saludo de Timothy desde el balcón, Eugéne...**

a se alegró muchísimo.

b se llevó un buen susto.

c no sabía quién era.

d se encerró en la habitación.

→ **¿Cómo subió Timothy al balcón?**

a Con una escalera.

b Con una cuerda.

c Trepando por el tubo del desagüe.

d Bajando desde el tejado.

→ **¿Qué sacó Timothy del interior de su chaqueta?**

a Una barra de pan.

b Un salchichón.

c Una tarta de limón.

d Una lata de lentejas.

→ **¿Qué eran las *madeleines*?**

☐ Galletas de chocolate. ☐ Magdalenas francesas. ☐ Magdalenas americanas.

→ **¿Dónde volcó Timothy las magdalenas que le cogió a Alice?**

→ **¿Cómo utilizó Timothy dos palos de billar para coger magdalenas?**

→ **¿En qué habitación se metió Eugéne y que le hizo sentir pánico?**

☐ La sala de billar del señor Welrush.

☐ El salón de la porcelana de la señora Welrush.

☐ El dormitorio de Timothy.

→ **¿Qué significan para Alice y Timothy dos parpadeos cortos?**

a Sí.

b No.

c A veces.

d ¡Peligro!

→ **¿Qué libro prohibió el general chino Ho Chien?**

a *Don Quijote de la Mancha.*

b *Harry Potter.*

c *La vuelta al mundo en 80 días.*

d *Alicia en el País de las Maravillas.*

→ **En total, ¿cuántas regaderas se le cayeron a Eugéne?**

a Cinco.

b Seis.

c Dos.

d Ninguna.

Juega con las palabras

Busca cada palabra en la página indicada del libro. Lee el párrafo en el que está para deducir su significado.

➡ **Señala el significado correcto de cada una.**

- **canalón**
  (página 91)

  ☐ Pasta alimenticia de harina.
  ☐ De color blanco.
  ☐ Conducto que vierte el agua de los tejados.

- **feroz**
  (página 102)

  ☐ Enorme, muy intensa.
  ☐ Tipo de lobo.
  ☐ Con fecha exacta de fabricación.

- **inesperado**
  (página 103)

  ☐ Conocido por todos.
  ☐ Sin tener idea de que iba a suceder.
  ☐ Dominado por la desesperación.

- **petrificada**
  (página 103)

  ☐ Premiada por alguna buena acción.
  ☐ Piedra típica del desierto.
  ☐ Inmóvil de asombro o terror.

- **pánico**
  (página 108)

  ☐ Tipo de pan.
  ☐ Miedo muy intenso.
  ☐ Gran pena o dolor.

- **balanceo**
  (página 108)

  ☐ Movimiento en vaivén, de un lado a otro.
  ☐ Baile primitivo.
  ☐ Peso de un producto.

➡ **Completa las oraciones con palabras de la actividad anterior.**

No había comido en todo día y tenía un hambre _____.

Sintió _____ al ver aquel violento animal lanzándose hacia ella.

Ella lanzó la bola al tejado y cayó por el _____.

➡ **Elige una palabra de la actividad anterior de la que no conocías su significado o te parezca difícil. Escribe una oración con ella.**

Palabra: _____

Oración: _____

Palabra intrusa

Tacha la palabra que no corresponde al sentido de las oraciones.

El pequeño texto informaba • informaban de cómo una • un general chino, el • un general Ho Chien, gobernador de unos • la provincia de Hunan, había prohibido estos • un libro. El libro en cuestión era • fue *Alicia en el País de los* • *las Maravillas*. Lo más curioso serán • era la razón que darán • daba el general para prohibirlo. Le parecía intolerable que hubiera animales que hablarán • hable

Sigue las pistas

Averigua cuál es la magdalena que han elaborado Eugéne y Alice.

Tiene un papel blanco.

Lleva una guinda roja.

Tiene forma redonda.

Lleva muchas pasas.

Pistas

| 1 | 2 | 3 | 4 | 5 |

➡ **La magdalena que han elaborado es la número** ☐

¿Cuántas veces?

Indica el número de veces que aparecen repetidos los objetos.
Utiliza solo los ojos para contar.

.... veces

.... veces

.... veces

.... veces

¿Te adelantas al texto?

Lee este texto en voz alta sustituyendo los números
por las palabras correspondientes.

1 mano	Stilt retrocedió hasta la (4), pero no lo hizo con intención de rendirse. Agarró dos (7) y se subió de un salto sobre el (5) verde de la mesa. Eugéne avanzó dando estocadas con la (1) derecha mientras sostenía la (8) con la izquierda. Sin embargo, Stilt no tenía (2) de practicar esgrima de (6) con ella. En lugar de eso, tomó los palos de (3) con sus (10) manos y los colocó como si fueran dos gigantescos (9) chinos.	6 madera
2 intención		7 palos
3 billar		8 bandeja
4 pared		9 palillos
5 tapete		10 grandes

Solo con los ojos

Lee las palabras de cada columna de arriba abajo.

Estaba	caído	y
inclinada,	la	Eugéne
escrutando	regadera,	casi
la	cuando	se
tierra	Timothy	muere
oscura	Stilt	del
intentando	dijo	susto.
distinguir	sus	—Siento
dónde	«buenas	haberla
había	noches»	asustado.

➡ **¿Quién dijo «buenas noches»?** _____

Lee cada pareja de palabras fijando la vista en el punto.

balcón	● tiesto	comida	● bombín	regar	● billar
seis	● casa	salto	● sexta	colmo	● final
bombín	● hombres	largo	● corto	boca	● mano
jardín	● planta	sapo	● foto	ideas	● bombín

➡ **¿Qué palabra se repite tres veces?** _____

Busca las palabras que no se repiten y escríbelas.

montaña	nariz	pasas	boca	pasas	lámpara
pasillo	ciudad	lámpara	sonrisa	bandeja	jardín
hambre	bandeja	jardín	montaña	boca	dálmata
sonrisa	pasillo	ciudad			

pierna	billar	palo	mayo	interior	idea
mayo	estante	plato	cuervo	suelo	palo
bola	idea	suelo	pierna	estante	cuervo
rostro	interior	rostro			

Cartel de la exposición

Lee con atención este cartel y realiza las actividades.

Gran exposición de porcelanas

Día: lunes, 2 de mayo de 1932
Hora: de 10 horas a 20 horas
Entrada gratuita
Lugar: Mansión Welrush. Salón de porcelanas.
Organiza: señora Welrush

En la vitrina central se exponen algunas de las piezas más valiosas del mundo, pertenecientes a la colección Royal Copenhague y unas vasijas chinas únicas y consideradas las más antiguas de la historia.

MERCADO DE VENTAS DE CERÁMICAS ARTESANAS EN EL JARDÍN DE LA MANSIÓN.

➜ **Indica si las siguientes afirmaciones son verdaderas (V) o falsas (F):**

	V	F
• La exposición se celebra el 2 de mayo, miércoles.	☐	☐
• Las porcelanas se expondrán en la sala de billar.	☐	☐
• Las más valiosas del mundo son de la colección Royal Copenhague.	☐	☐
• Las vasijas chinas de porcelana son las más antiguas.	☐	☐
• El acto lo organizó hace años Timothy, el hermano de la señora.	☐	☐

➜ **Si vas a la exposición con dos amigos, ¿cuánto costarán las entradas?**

☐ 3 euros.   ☐ 6 euros.   ☐ Nada, la entrada es gratuita.

➜ **Busca estas informaciones en el cartel:**

• Horario: ....

• Lugar: ....

• Quién lo organizó: ....

➜ **¿Qué podrás visitar en el jardín de la mansión?**

....

➜ **¿Qué información consideras más importante si vas a ir a la exposición?**

....

....

JUEGO 6

LEE EN SILENCIO

Puedes consultar el libro las veces que lo necesites

¡Empezamos!

Lee los capítulos 13, 14 y 15 y, después, realiza las actividades.

→ **¿Qué quería preguntar la señora Welrush?**

a Por unos trozos de magdalenas.

b Por la aparición de unas regaderas.

c Por la rotura de la casa de muñecas.

→ **¿Por qué no dijo nada Alice de las magdalenas?**

a Porque no le salieron buenas.

b Porque ya no quedaban.

c Porque su tío comilón estaba cerca.

→ **¿Qué noticia leyó Alice?**

a Una sobre Lewis Carroll.

b Que el Sr. Huevón está en Nueva York.

c Que destinaban a su padre a Francia.

→ **¿Dónde conoció Eugéne al dueño del huevo?**

a En el parque.

b En el viaje en avión.

c En el viaje en barco.

→ **¿Adónde se fue corriendo el señor Welrush?**

a A su despacho.

b A la pista de atletismo.

c A la sala de billar.

→ **¿Para qué quería Alice el huevo?**

a Para cenar.

b No lo sabía.

c Para esconderlo en su habitación.

→ **Numera del 1 al 4 estas situaciones según el orden en que suceden.**

☐ Timothy, mientras escalaba por la fachada, saludó a Eugéne.

☐ Por la tarde Eugéne y Alice dieron clases de francés y leyeron.

☐ Eugéne contemplaba las luces de los rascacielos.

☐ Después, hicieron flores de papel.

→ **Lee las siguientes afirmaciones y diferencia las que son opinión (O) o un hecho (H).**

	O	H
El día 3 era el día anterior al del homenaje a Alice Liddell.	☐	☐
Creían que acudirían unas dos mil personas al acto.	☐	☐
Alice Liddell cumplirá el día 4 ochenta años.	☐	☐
Eugéne piensa que Alice ha hecho bien quitando un piso a la casa.	☐	☐
Alice piensa que se puede confiar en Eugéne.	☐	☐
'Secreto' en francés se dice 'secret'.	☐	☐

Juega con las palabras

Busca cada palabra en la página indicada del libro. Lee el párrafo en el que está para deducir su significado.

→ Construye las definiciones juntando frases de las dos columnas y escribe el número de la palabra que define.

1. **cuervo** (página 115)
2. **desbandada** (página 118)
3. **suspicaz** (página 1180)
4. **cortante** (página 124)
5. **desvelar** (página 126)
6. **cordeles** (página 128)
7. **clave** (página 130)
8. **evento** (página 130)
9. **arpón** (página 134)
10. **complicidad** (página 135)

[1] Pájaro carnívoro, mayor		[ ] delgadas.
[ ] Cuerdas		[ ] que sirve para herir.
[ ] Sentimiento		[1] que la paloma.
[ ] Elemento fundamental		[ ] o desconocido.
[ ] Suceso importante		[ ] huir en desorden.
[ ] Arma con punta de hierro		[ ] o decisivo de algo.
[ ] Dejar de decir algo		[ ] de camaradería.
[ ] Desparramarse,		[ ] a tener desconfianza.
[ ] Propenso		[ ] en un discurso.
[ ] Descubrir algo oculto		[ ] de índole social.

En espejo

Lee este texto en espejo y contesta a las preguntas.

Se esperaba la asistencia de unas dos mil personas al acto. Entre ellas, el premio Nobel de la Paz, Nicholas Murray Butler. En ese año, 1932, se cumplían cien años del nacimiento de Lewis Carroll y en ese día, 4 de mayo, Alice Liddell celebraba su ochenta cumpleaños. Había incluso una cosa más: el manuscrito original. Lewis Carroll escribió Alicia en el País de las Maravillas para regalárselo a Alice Liddell. La primera copia se la dio en 1864, cuando era una niña.

1. ¿Cuántas personas esperaban que acudieran al acto?

2. ¿Qué premio tenía Nicolas Murray?

3. ¿Cuántos años hacía del nacimiento de Lewis Carroll?

4. ¿Y de Alice Liddell?

5. ¿Qué le iban a regalar a Alice?

A ver si recuerdas

Vuelve a leer el texto en el espejo de la actividad anterior.

➡ **Señala las cinco palabras y las cinco oraciones que aparecen en él.**

acto	El acto sería muy breve.
castigo	Se esperaba la asistencia de unas dos mil personas.
premio	Lewis Carroll no era el verdadero autor.
mayo	Alice celebraba su ochenta cumpleaños.
garbanzos	El rector no podía acudir a la celebración.
manuscrito	Se cumplían cien años del nacimiento de Lewis Carroll.
café	Había incluso una cosa más.
copia	Los invitados fueron elegidos entre veinte personas.
canción	Alice acudiría un poco más tarde.
avión	La primera copia se la dio en 1864.

Ponle título

Escribe al lado de cada título el número que se corresponda con las oraciones de la izquierda.

1. El plato de porcelana se había arañado con el cuervo negro.
2. El señor Welrush escondió la hoja de periódico a su espalda y no dijo nada.
3. El señor Welrush abandonó el salón en un segundo corriendo.
4. Eugéne salió al balcón a respirar un poco de aire puro.
5. Timothy escalaba la pared de la fachada todas las noches.

☐ ¡Nueva pista!

☐ ¡El hombre araña!

☐ ¡La gran carrera!

☐ ¡Un desastroso accidente!

☐ Disimulando...

➡ **Elige el título que más te guste y explica por qué.**

Elijo el título número _____ porque _____

_____

_____

Mensaje secreto

Escribe en cada espacio la letra que corresponda según esté
a la izquierda (I) o a la derecha (D) de los números y lee un mensaje.

I		D
E	1	L
S	2	G
U	3	N
D	4	O
P	5	I
A	6	C
M	7	Ñ
H	8	F
Q	9	T
R	10	Y

1I 1D   2I 1I 2D 3I 3D 4I 4D   5I 5D 2I 4D   4I 1I

1D 6I   6D 6I 2I 6I   4I 1I   7I 3I 7D 1I 6D 6I 2I

8D 3I 1I   6D 4D 10I 9D 6I 4I 4D

6D 3I 5D 4I 6I 4I 4D 2I 6I 7I 1I 3D 9D 1I

10D   9I 3I 5D 9D 6I 4I 4D.

¿Levantas la mirada?

Lee este texto en voz baja. Luego, léelo en voz alta
como si presentaras un programa de televisión.

→ Alza los ojos cada vez que encuentres el símbolo 👁.

Aquella noche, 👁 cuando, antes de irse a dormir, 👁 Eugéne salió al balcón a respirar un poco de aire puro, 👁 lo respiró más tranquila. 👁 A pesar de las persecuciones y los enfados, 👁 todo había ido bien. 👁 Había superado un día más en aquella casa 👁 sin desvelar el secreto de la visita de Alice Liddell. 👁 Y aunque su habilidad para provocar desastres 👁 le había jugado malas pasadas, 👁 al final no había ocurrido nada grave. 👁 Es más, el señor Welrush estaba ahora de muy buen humor, 👁 porque había contactado con Baptiste Travagant 👁 y este había accedido a colaborar con el Comité de Magnificación. 👁

AUTOEVALUACIÓN

Al leer, ¿diriges la **mirada** al auditorio?

Valóralo del 1 al 10 →

| 1 | 2 | 3 | 4 | 5 | 6 | 7 | 8 | 9 | 10 |

Solo con los ojos

Lee las palabras de cada etiqueta de un solo golpe de vista.

El portazo | con el que se | despidió al salir | de la habitación

hizo que Eugéne | y Alice dieran | un pequeño salto.

A los pocos segundos, | dos suaves | toques | llamaron

a la puerta. | La puerta se abrió | y apareció Timothy | dando sus

peculiares zancadas. | ¿Qué le ocurre | a mi hermana?

¿Quién apareció con sus peculiares zancadas?

Lee cada pareja de palabras fijando la vista en el punto.

tarde	●	plato	hambre	●	cuñado	noticia ● gigante
salón	●	negro	huevo	●	noticia	bigote ● pájaro
noticia	●	balcón	mesa	●	ojos	morsa ● mundo
arbusto	●	montón	viaje	●	barco	tono ● ceño

➜ **¿Qué palabra se repite tres veces?** _____

Escribe las palabras que se repiten en cada columna y el número de veces que lo hacen.

ojo	ojo	ojo	ceño	cuña	cuña	casa	cosa	cosa
hoja	hoja	hoja	caña	ceño	caña	cosa	casa	sosa
ojo	hija	hija	cuña	cuña	ceño	casa	sosa	casa
hija	hoja	hoja	caña	caña	caña	cosa	cosa	cosa
hoja	hija	hija	ceño	caña	cuña	casa	sosa	sosa

Lenguaje de signos

Observa la equivalencia de las letras en el lenguaje de signos y realiza las actividades.

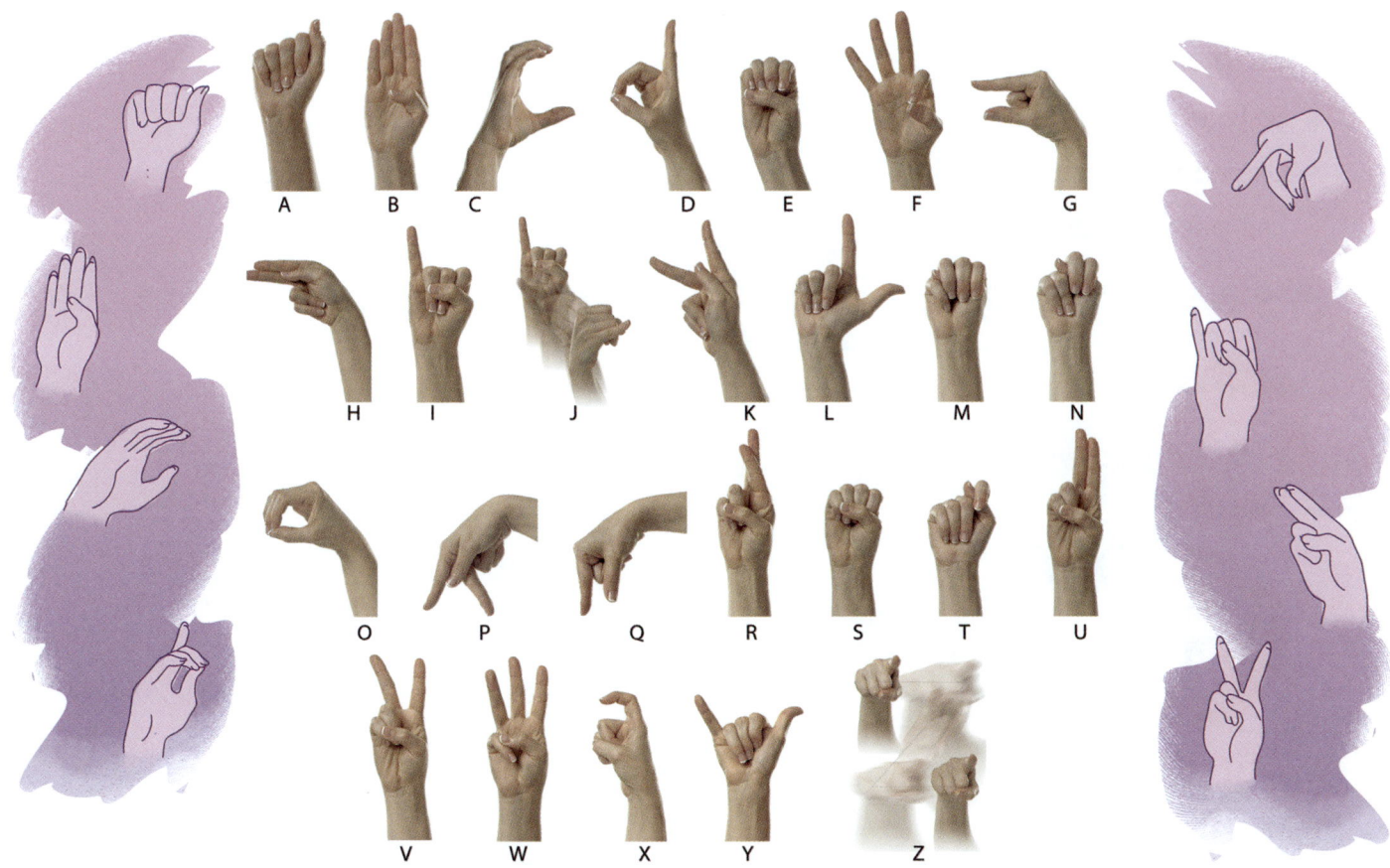

➡️ **¿Qué nombre dibujan estas manos?**

_____

➡️ **¿Qué tienen en común todas las letras?**

☐ Se realizan con una sola mano.　　☐ En ninguna se mueve la mano.

➡️ **¿Qué letra falta en el gráfico?** _____

➡️ **¿Cómo crees que se indicará esa letra?**

☐ Poniendo el índice de la otra mano sobre la N.

☐ Moviendo la N de un lado a otro.

➡️ **¿En qué situaciones el lenguaje de signos resulta de utilidad?**

_____

➡️ **Por parejas, mantened una breve conversación con el lenguaje de signos.**

Organiza las ideas

Lee este texto.

El billar se practica con un taco, bolas y una mesa de paño.

➡ **Identifica en el texto...**

- La idea central: _____
- Los conceptos principales: _____
- Las palabras de enlace: _____

➡ **Ahora, completa el gráfico.**

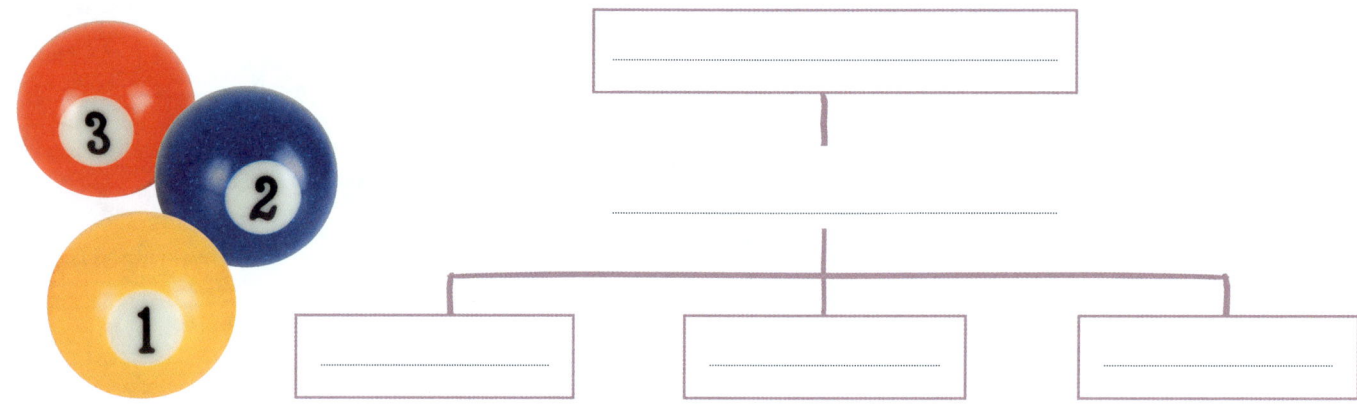

... Y al revés.

➡ **Escribe el texto que corresponda a las palabras del gráfico.**

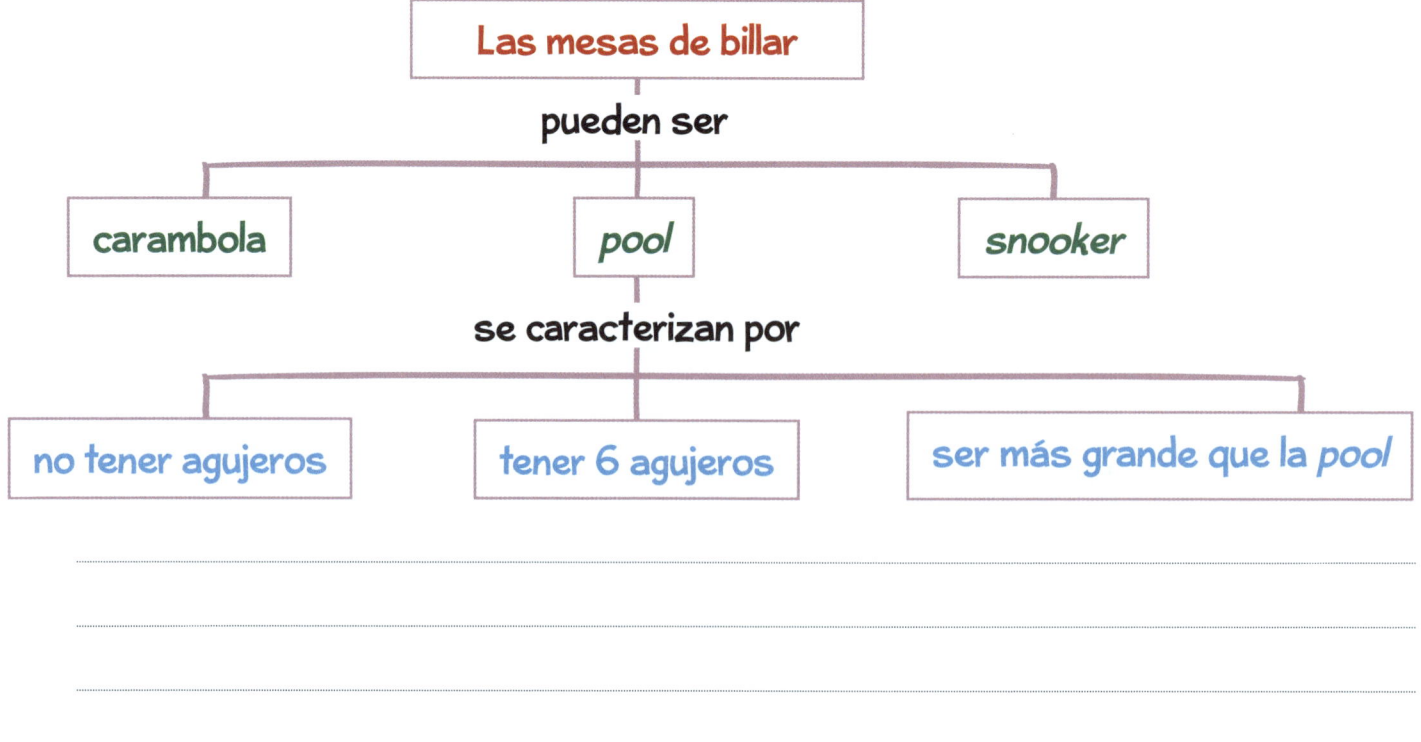

_____

_____

_____

_____

Las regaderas

Presta atención al texto que vas a escuchar. Luego, realiza las actividades.

→ **¿Dónde se encontraba Eugéne?**

a Paseando por el jardín.

b Asomada a su balcón.

c Medio dormida, en la cama.

→ **¿Quién saludó a Eugéne trepando por la pared?**

a Alice.

b Un conejo blanco.

c Timothy Stilt.

→ **¿Qué se le cayó a Eugéne?**

a Una regadera.

b Un pañuelo.

c Las llaves, siempre las perdía.

→ **¿Cómo saltaba Timothy de un balcón a otro?**

a Con una cuerda.

b Agarrándose a un canalón.

c Subiendo a una escalera.

→ **¿Cómo se encontraba Eugéne?**

a Muy nerviosa.

b Muy tranquila.

c Tenía hambre.

→ **¿Qué le pregunto Eugéne a Timothy?**

a Si podía enseñarle a trepar.

b Si le iba a dar la sexta regadera.

c Si volvería a visitarla.

→ **Señala las tres afirmaciones que son verdaderas.**

☐ Desde el balcón, Eugéne podía observar el cielo estrellado de Nueva York.

☐ Aquella noche, Stilt no pasó a visitar a Eugéne.

☐ Stilt le llevó a Eugéne una manguera para que regase las macetas.

☐ El dormitorio de Eugéne estaba en las zonas más elegantes de la casa.

☐ Las regaderas no llegaron a caer al jardín. Se metieron en el balcón inferior.

☐ En el balcón de Eugéne había unos tiestos con flores.

→ **Numera del 1 al 4 estas situaciones según suceden en el texto.**

● A Eugéne se le caen al jardín todas las regaderas, una tras otra. ☐

● Stilt saluda a Eugéne desde la fachada del edificio. ☐

● Stilt le da a Eugéne la última. ☐

● Eugéne se asusta y se le cae una regadera. ☐

→ **¿Adónde se dirige Stilt trepando por la pared?**

☐ A la cocina.   ☐ A su habitación.   ☐ A la biblioteca.

→ **Inventa un nuevo título para el texto que has escuchado.**

JUEGO 7

LEE EN SILENCIO

Puedes consultar el libro las veces que lo necesites

¡Empezamos!

Lee los capítulos 16, 17 y 18 y, después, realiza las actividades.

→ **¿Qué encontró Eugéne al entrar en la habitación de Timothy?**

a Un gran espacio amueblado.

b Un espacio pequeño sin muebles.

c Una colchoneta en el suelo.

→ **¿Qué había tras el panel?**

a Una habitación enorme.

b Nada.

c Una habitación diminuta.

→ **¿De dónde eran los objetos que llenaban la habitación?**

a De los viajes de Timothy.

b De la colección de porcelana.

c Del País de las Maravillas.

→ **¿Con qué están hechas las tres columnas?**

a Con hojas de periódicos pegadas.

b Con hojas de lechuga.

c Con piedras del jardín.

→ **Si bebías el líquido del frasquito…**

a te hacías grande.

b te encogías de tamaño.

c te crecía la nariz.

→ **Si comías un bocado de magdalena…**

a crecías muchísimo.

b te hacías pequeño.

c te dormías.

→ **Indica si las siguientes afirmaciones son verdaderas (V) o falsas (F).**

	V	F
Alice no quería conocer a la señora Liddell.	☐	☐
Alice quería preguntar a la señora Liddell algo sobre el conejo.	☐	☐
Eugéne se arrepintió de haber contado el secreto.	☐	☐
Timothy se comió las cinco magdalenas que sobraban.	☐	☐
De la caja de música salía una dulce melodía.	☐	☐

→ **Numera del 1 al 4 estas situaciones según suceden en el texto.**

☐ Piensan que, si consiguen esconderse, Alice conocería a la señora.

☐ Para realizar la misión, se hacen llamar los «Tres Magníficos».

☐ Analizan los tres momentos en los que dividieron la visita.

☐ Stilt se viste con un chaqué que llama la atención.

Juega con las palabras

Busca cada palabra en la página indicada del libro. Lee el párrafo en el que está para deducir su significado.

➡ **Escribe el número de cada palabra junto a su significado.**

1. **celda** (página 136)
2. **biombo** (página 136)
3. **arandelas** (página 137)
4. **corredizo** (página 137)
5. **seriedad** (página 142)
6. **terciopelo** (página 142)
7. **melodía** (página 142)
8. **consabido** (página 154)
9. **chaqué** (página 156)
10. **elasticidad** (página 157)

Cualidad de verdad, sin burla o engaño.

Prenda de hombre a modo de chaqueta.

Música dulce y suave.

Piezas metálicas en forma de disco perforado.

Que se desplaza con facilidad.

Tela de seda tupida.

Cualidad de un cuerpo para recuperar su forma.

Conocido por todos.

Aposento destinado al religioso en su convento.

Paneles móviles que se abren y despliegan.

➡ **Rodea las arandelas.**

Señala las oraciones en las que la palabra resaltada se usa correctamente.

☐ Me gusta más tocar el **biombo** que el tambor.

☐ En el trabajo prefería la **seriedad,** sin ninguna broma.

☐ Llevaba un precioso traje de **terciopelo.**

☐ Con las nuevas **arandelas** mi bici frenaba mucho mejor.

➡ **Elige una palabra de la actividad anterior de la que no conocías su significado o te parezca difícil. Escribe una oración con ella.**

Palabra: ....

Oración: ....

Palabras clave

Subraya las dos palabras del texto que te parezcan más importantes para resumirlo.

> La niña se volcó sobre los libros de Carroll, hojeándolos intensamente, buscando las ilustraciones en las que aparecía dibujado el conejo blanco. De repente, se detenía y miraba a algún punto de la habitación, ensimismada.

→ **Escribe un resumen sin fijarte en el texto y usando las palabras elegidas.**

....

....

....

¿Qué falta?

Completa esta tabla con las acciones y los nombres que faltan.

Nombre	Acción		Nombre	Acción
contrato				vestir
	dibujar		entrada	
engaño				mezclar
	mirar		sonrisa	
fracaso				ilusionar

→ **Elige cinco palabras de las que has escrito en la tabla y escribe una oración con cada una.**

....

....

....

....

¡Mucha atención!

Localiza aquello que no se repite.

Lo que no se repite es: ....

¿Cómo es tu entonación?

Lee en voz alta las siguientes oraciones, cada vez con una de las entonaciones propuestas.

pregunta • exclamación • enfado • grito • pena

- Disculpe, pero tengo las manos ocupadas.
- En realidad, esto es lo más secreto del secreto.
- Para mí las magdalenas son muy, muy importantes.
- Eugéne vio acercarse a Stilt en el reflejo del espejo.
- Tengo que preguntarle una cosa sobre el conejo blanco.
- No importa, mírenos, somos los «Tres Magníficos».

AUTOEVALUACIÓN

¿Has utilizado un **entonación** adecuada en cada oración?

Valóralo del 1 al 10

1 2 3 4 5 6 7 8 9 10

Solo con los ojos

Lee las palabras de cada etiqueta de un solo golpe de vista.

Eugéne tenía   entendido que   la habitación   de Timothy   era una de

las más grandes   de la casa.   Pero, al entrar   en ella con   Alice y

el señor Stilt,   se encontró   con un espacio   pequeño en

el que no se veían   casi muebles.   Parecía   una celda   de monasterio.

➡ **¿Qué parecía la habitación de Timothy?**

....

Lee cada pareja de palabras fijando la vista en el punto.

espacio ● pequeño	trono ● techo	libro ● frase
cordel ● biombo	página ● conejo	papel ● mano
conejo ● objeto	música ● blanco	boca ● niña
rosal ● color	gigante ● líquido	conejo ● botella

➡ **¿Qué palabra se repite tres veces?** ....

¿Cuántas veces se repite la primera palabra de cada serie?

cama	dama, fama, gama, cama, rama, canta, cima, cama, coma, cama, cena, cana, caña, cama, cada, caja, cama, cara, casa, cama, cata, dama, fama, gama, cama, rama, canta, cama.	⬭
sala	sala, bala, cala, sala, gala, mala, pala, sala, tala, saca, saga, sala, sana, saña, sapo, sala, sale, sala, bala, cala, sala, gala, mala, pala, sala, tala, saca, sala, saga, sana.	⬭
cala	sala, bala, cala, sala, gala, mala, pala, sala, tala, saca, saga, sala, sana, saña, sapo, sala, sale, sala, bala, cala, sala, gala, mala, pala, sala, tala, saca, sala, saga, sana.	⬭
rosa	cosa, fosa, losa, rosa, posa, pisa, lisa, rasa, roja, roca, ropa, roza, rosa, nota, sota, rosa, cosa, fosa, rosa, losa, posa, pisa, rosa, lisa, rasa, rosa, roja, roca, rosa, ropa.	⬭
mente	manta, miente, mente, menta, fuente, mengue, monte, mente, pinte, mente, ante, tinte, unte, lente, mente, manta, miente, menta, mente, fuente, mengue, mente, monte, pinte, ante.	⬭

Una invitación

Lee esta trajeta de invitación y realiza las actividades.

UNIVERSIDAD DE COLUMBIA

Organizan: Comité de Magnificación y Comité de Excelencia

Homenaje a Alice Jiddell,

EN SU 80 CUMPLEAÑOS. LA NIÑA QUE, A LOS DIEZ
AÑOS, INSPIRÓ A LEWIS CARROLL EL PERSONAJE DE ALICIA EN SUS LIBROS.
EL ACTO COINCIDE CON EL CENTENARIO DEL NACIMIENTO DE LEWIS CARROLL.

Fecha: 4 de mayo de 1932
Hora: 19:00 h.
Dirección: 116th and Broadway, New York.

Actos:
1. Reencuentro de la señora Alice con el manuscrito.
2. Homenaje con público y periodistas.
3. Recepción privada en el salón.

IMPRESCINDIBLE ACOMPAÑAR ESTA INVITACIÓN CON UNA IDENTIFICACIÓN PERSONAL

➡ **Indica si las siguientes afirmaciones son verdaderas (V) o falsas (F):**

	V	**F**
• Alice Diddell cumple 80 años.	☐	☐
• Lewis Carroll falleció hace 100 años.	☐	☐
• Para entrar se necesita solo la invitación.	☐	☐
• La Universidad de Columbia se encuentra en Bogotá.	☐	☐
• Alice inspiró a la protagonista de unos libros de Carroll.	☐	☐

➡ **Señala tres momentos que tienen lugar durante el acto de homenaje.**

☐ Actuación musical.   ☐ Homenaje con público.

☐ Documental de Lewis Carroll.   ☐ Reencuentro con el manuscrito.

☐ Recepción privada.   ☐ Baile en el salón.

➡ **Completa estas informaciones.**

- Hora: ....
- Fecha: ....
- Lugar: ....
- Ciudad: ....

➡ **¿Por qué leer correctamente una invitación a un acto es importante?**

....

....

JUEGO 8

LEE EN SILENCIO

Puedes consultar el libro las veces que lo necesites

¡Empezamos!

Lee los **capítulos 19** y **20** y, después, realiza las actividades.

➜ **¿Qué le dijo Alice a Eugéne?**

a Todo lo que veía, hablaba sin parar.

b El nombre de los personajes del panel.

c Describió a la señora Liddell.

d Que el huevo estaba en peligro.

➜ **¿Qué dijo Alice para poder entrar?**

a Que eran familia de Travagant.

b Que eran de la floristería.

c Que se encargaban de la seguridad.

d Que supervisaban el aperitivo.

➜ **¿Por dónde entraron al edificio?**

a Por la puerta principal.

b Escalando por la fachada.

c Por la puerta de atrás.

d Por una ventana de la planta baja.

➜ **¿Qué dijo para entrar Timothy Stilt?**

a Que era primo lejano de Travagant.

b Que la Sra. Welrush era su hermana.

c Que era familiar del huevo.

d Que necesitaba ir al servicio.

➜ **Numera del 1 al 6 estas situaciones según el orden en el que suceden.**

☐ El disfraz del huevo y los ladrillos de pan acaban destrozados.

☐ Timothy intenta comerse el huevo, pero Travagant se lo impide.

☐ Se asoman a las ventanas para poder ver el acto.

☐ Travagant los acompaña al salón en el que se expone el huevo.

☐ Aparecen en el salón los señores Welrush. La señora despide del trabajo a Eugéne.

☐ El señor Welrush, desde el patio, los descubre asomados a la ventana.

➜ **Lee las siguientes afirmaciones y diferencia las que son opinión (O) o un hecho (H).**

	O	H
La señora Liddell piensa que se han perdido historias maravillosas.	☐	☐
Dos mil personas aplaudían sin descanso en el comienzo del acto.	☐	☐
El señor Welrush vió a Alice y a Eugéne asomadas a una ventana.	☐	☐
Travagant piensa que el disfraz del huevo ha quedado magnífico.	☐	☐
Travagant defiende el huevo atacando a Timothy con su bastón.	☐	☐
Alguien cree que Travagant compró el huevo en un mercado.	☐	☐

➜ **Di qué situación del capítulo te ha parecido más divertida.**

Juega con las palabras

Ordena las sílabas y forma palabras.

página 158	página 159	página 167	página 169	página 171	página 176
dian te Ra	Es do tra	O ción va	Es so do truen	prie A to	no Be nig

➜ Busca cada palabra que has formado en la página indicada del libro y lee el párrafo en el que está para intentar averiguar lo que significa.

➜ Escribe al lado de cada explicación la palabra correspondiente.

- Que manifiesta una gran alegría. ⎯⎯⎯⎯⎯⎯⎯⎯⎯
- Ruidosos, estrepitosos. ⎯⎯⎯⎯⎯⎯⎯⎯⎯
- Templado, suave, apacible. ⎯⎯⎯⎯⎯⎯⎯⎯⎯
- Sitio de honor, algo elevado, en un salón de actos. ⎯⎯⎯⎯⎯⎯⎯
- Conflicto, apuro. ⎯⎯⎯⎯⎯⎯⎯⎯⎯
- Aplauso ruidoso y colectivo que se da a alguien. ⎯⎯⎯⎯⎯⎯⎯

Texto partido

Lee este texto que se ha cortado.

El conserje los vio acercarse y les examinó con su severa mirada.

—No pueden pasar —les dijo.

Eugéne respondió en francés:

—Nous sommes la famille de Baptiste Travagant.

Y le mostró la tarjeta que el señor Travagant le entregó cuando se despidieron en el barco.

El señor Travagant se asomó por una de las puertas al escuchar su nombre. Reconoció a Eugéne y, en la distancia, la saludó con alegría.

El conserje, avergonzado, se disculpó:

—Pasen, pasen —murmuró mientras los animaba a entrar abanicando el aire con la mano.

Cuando entraba Timothy Stilt el conserje se quedó mirando su apariencia de ave zancuda.

—¿Usted —desconfió el conserje— también es familiar?

Stilt se giró y sonrió:

—Yo soy familiar del huevo.

A ver si recuerdas

Vuelve a leer el texto cortado de la actividad anterior y contesta.

- ¿Quién no les dejaba pasar? _____
- ¿En qué idioma respondió Eugéne? _____
- ¿Quién la reconoció en la distancia? _____
- ¿De quién dijo Timothy que era familia? _____

➡ **Cuenta la historia a tus compañeros y compañeras. Procura no olvidarte de los detalles importantes.**

Sigue las pistas

Averigua quién es el señor Travagant.

Pistas

Tiene un **bigote** oscuro.

Travagant lleva **corbata**.

Travagant no lleva **gafas**.

Es un hombre que lleva **bastón**.

➡ **El señor Travagant es el número** ▢

¡Mucha atención!

Observa los objetos que aparecen en el primer grupo.

➡ Tapa el primer grupo y escribe el nombre del objeto que falta en los grupos 1, 2 y 3.

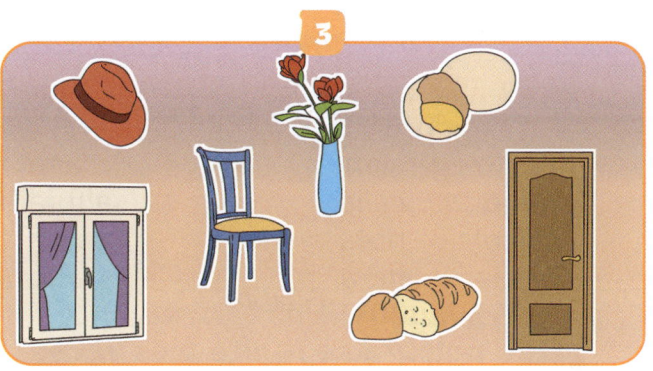

¿Cómo lees?

Lee este texto subiendo o bajando la entonación en la dirección que indique cada flecha.

La puerta de atrás no era pequeña, ↑ sino una gran puerta espaciosa, ↑ por el que había un continuo entrar y salir de personas. Personas de los comités, camareros y, ↑ en general, gente que trabajaba en la organización, ↑ se afanaban en tenerlo todo bien preparado. ↓

Flotaban las notas musicales de los músicos, que esperaban con sus instrumentos. En la puerta, ↑ Eugéne localizó a un conserje. ↓ Tenía una barba compacta y negra, pero no tenía bigote. ↓ Esa barba sin bigote, ↑ Eugéne no sabía muy bien por qué, ↑ le daba un aire aún más fiero. ↓

AUTOEVALUACIÓN

¿Haces las **pausas** correctamente y con naturalidad?

Valóralo del 1 al 10

| 1 | 2 | 3 | 4 | 5 | 6 | 7 | 8 | 9 | 10 |

Solo con los ojos

Lee el texto intentando abarcar cada línea en un solo golpe de vista.

Vio a una
señora mayor,
alguien que ya
no se parecía en
nada a la niña de
diez años que inspiró
el personaje. Sus ojos
no expresaban
extrañeza ni
locura, solo
atención.

¿Qué es lo que no expresaban sus ojos?

....

Lee cada pareja de palabras fijando la vista en el punto central.

acto	●	clima
panel	●	calle
atril	●	nota
barba	●	fiera

aire	●	atril
altura	●	bigote
salón	●	bastón
patio	●	gente

cordón	●	golpe
atril	●	sala
manos	●	brazos
pan	●	pie

➡ **¿Qué palabra se repite tres veces?** ....

Indica cuántas palabras contienen la sílaba de la izquierda.

bla	alcoba, hablar, abajo, temblar, bala, balón, baboso, blanco, arriba, semblante, doblar, alba, baldosa, blando, babero, balada, niebla, verbal.	⬚
ble	noble, belén, problema, bellaco, irrefrenable, belga, agradable, nobel, indistinguible, rebelde, probable, rebelde, pabellón, imperceptible, esbelto, rompible, cascabel, bellota.	⬚
bra	barco, acostumbrar, barba, celebrar, alabar, derrumbar, labrador, abarcar, brazo, barato, alfombra, traba, asombrar, barbecho, palabra, abrazo, barro, sobra.	⬚
bre	beber, hombre, liberado, abre, nombre, saber, sobre, berreo, hambre, haber, costumbre, sobrevivir, deberes, sombrero, gamberro, sombrerero, sobresaltar, bombero.	⬚
bri	prohibir, equilibrio, recibo, descubrir, recibir, brillar, esbirro, equilibrista, prohibido, abrir, birrete, abril, subir, brillante, incumbir, brillo, suscribir, concebir.	⬚

La ficha de un libro

Lee con atención la ficha del libro y realiza las actividades.

Alicia en el País de las Maravillas

Autor: Lewis Carroll
Editorial: Alianza
Precio: 11,87 €
Formato: Papel
Páginas: 192
Género: Narrativa infantil-juvenil

Sinopsis: La historia cuenta cómo una niña llamada Alicia cae por un agujero, encontrándose en un mundo peculiar y extraño, poblado por criaturas con cualidades humanas. En esta obra aparecen algunos de los personajes más famosos de Lewis Carroll, como el Conejo Blanco, la Liebre de Marzo, el Sombrerero, la Oruga Azul, el Gato de Cheshire o la Reina de Corazones.

Indica si las siguientes afirmaciones son verdaderas (V) o falsas (F)

	V	F
El libro es una novela exclusiva para adultos.	☐	☐
En la portada del libro hay dos niñas.	☐	☐
Su precio es de 11,87 euros.	☐	☐
El autor es Lewis Carroll.	☐	☐
El libro ha sido publicado por la editorial Alianza.	☐	☐

→ **¿Cómo llega Alicia, la niña protagonista, al mundo peculiar y extraño?**

....

→ **Señala solo los personajes que se nombran en la sinopsis del libro.**

☐ Thimoty Stilt.
☐ Peter Davies.
☐ General Ho Chien.
☐ Alice Liddell.

☐ Conejo Blanco.
☐ Liebre de Marzo.
☐ Sombrerero.
☐ Gato de Cheshire.

→ **Después de leer la sinopsis, ¿qué otro título podría tener el libro? Escríbelo.**

....

....

¡Empezamos!

Lee el capítulo 21 y, después, realiza las actividades.

→ **Indica si las siguientes afirmaciones son verdaderas (V) o falsas (F).**

V F

- Los conserjes se negaron a arreglar la sala. ☐ ☐
- Stilt fue expulsado de la sala por los conserjes. ☐ ☐
- La señora Liddell reconoció que le gustaban las cosas magníficas. ☐ ☐
- El señor Davies se niega a devolverle el favor a Eugéne. ☐ ☐
- La señora Liddell se negó a sentarse junto a Davies. ☐ ☐
- Estos hechos sucedieron el 4 de mayo de 1932. ☐ ☐
- Al señor Davies lo llevó al acto Eugéne. ☐ ☐
- Desde la ventana vieron a Stilt descendiendo en paracaídas. ☐ ☐
- La señora Liddell le dice a Alice que se acercara a ella. ☐ ☐
- Alice preguntó a la señora Liddell sobre el conejo blanco. ☐ ☐
- La señora Liddell le pidió a Alice que mirase dentro de sus ojos. ☐ ☐
- Eugéne sonrió cuando vio que Alice no podía pestañear. ☐ ☐

→ **Relaciona con flechas cada personaje con lo que dice.**

Alice •	• Cuide a su ayudante, no se le ocurra perderla.
Alice Liddell •	• Señora, creo que Alice quiere hacerle una pregunta.
Señor Welrush •	• Quiero preguntar sobre el conejo blanco.
Eugéne •	• Le presento al niño que inspiró a Peter Pan.

→ **¿Cómo se encontraba el señor Welrush?**

☐ Sorprendido.   ☐ Contento y satisfecho.   ☐ Amargado y triste.

→ **¿Quiénes estaban en los retratos de la sala?**

☐ Los rectores.   ☐ Los premios Nobel.   ☐ Antiguos alumnos.

→ **¿Quién debía un favor a Eugéne?**

☐ Travagant.   ☐ El señor Davies.   ☐ Timothy Stilt.

→ **Si fueses Alice Liddell. ¿Qué te hubiese gustado más del acto de homenaje?**

_____

_____

Juega con las palabras

Busca cada palabra en la página indicada del libro. Lee el párrafo en el que está para deducir su significado.

➡ **Escribe el número de cada palabra junto a su significado.**

1 **celebridad** (página 184)

2 **multitud** (página 184)

3 **ilustres** (página 184)

4 **frenética** (página 186)

5 **adecentar** (página 186)

6 **compostura** (página 187)

7 **papada** (página 187)

8 **amordazada** (página 189)

9 **privilegio** (página 191)

10 **deslumbrar** (página 200)

☐ Abultamiento carnoso entre la barba y el cuello.

☐ Furiosa, rabiosa.

☐ Ventaja especial que goza alguien.

☐ Persona famosa.

☐ Poner decente, limpio, en orden.

☐ Confundir la vista con el exceso de luz.

☐ De casa u origen distinguidos.

☐ Seriedad, moderación.

☐ Sin poder hablar o expresarse.

☐ Número grande de personas.

Señala las dos oraciones en las que la palabra resaltada se utiliza correctamente.

☐ En poco tiempo, se reunió una **multitud** de personas en el patio.

☐ Estaba **privilegio,** extrañamente contento.

☐ Se empeñó en **adecentar** la lluvia que empezó a caer en ese momento.

☐ Mantuvo la **compostura** y el semblante serio durante todo el acto.

➡ **Elige dos palabras de la actividad anterior de las que no conocías su significado o te parezcan difíciles. Escribe una oración con cada una.**

Palabra: ....

Oración: ....

Palabra: ....

Oración: ....

Al completo

Completa el texto escribiendo los números correspondientes a las palabras que faltan.

1 mil personas acudieran

2 mujer de ochenta

3 alta sociedad,

4 una niña traviesa, la

5 aparición en el salón

6 suficientemente famosa

Media hora después, Alice Pleasance Liddell Hargreaves Taylor hizo su ⑤. Ese era el nombre completo de Alice Liddell. Vista de cerca, cualquiera podía entender que aquella ⬡ años no era una Alice, sino muchas.

En su larga vida le había dado tiempo a ser ⬡ protagonista de un cuento, una dama de ⬡ una madre protectora y, por último, una celebridad lo ⬡ como para que multitud de periodistas y más de dos ⬡ entusiasmadas a verla.

Un recorrido

→ **Sigue las indicaciones. Sitúate en el punto de salida y avanza el número de cuadros en la dirección que se indica.**

- 3 cuadros hacia el ESTE
- 3 cuadros hacia el NORTE
- 2 cuadros hacia el OESTE
- 4 cuadros hacia el NORTE
- 5 cuadros hacia el ESTE
- 3 cuadros hacia el NORTE
- 2 cuadros hacia el ESTE
- 1 cuadro hacia el SUR
- 4 cuadros hacia el ESTE
- 4 cuadros hacia el NORTE

→ **Rodea lo que ha encontrado Alice.**

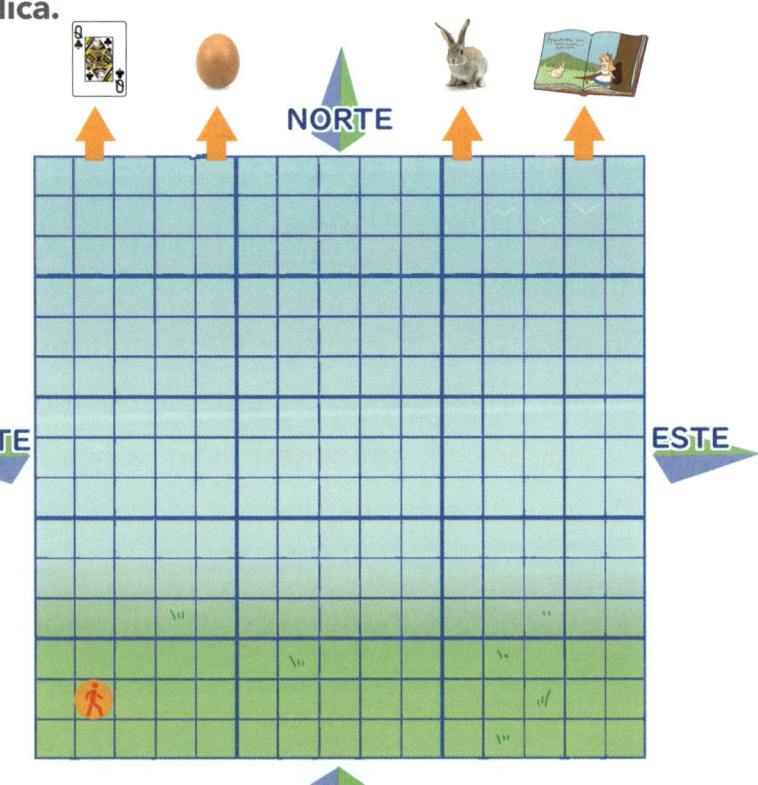

Solo con los ojos

Cuenta las palabras en las que aparecen los grupos de letras que se indican.

SALVADO   nueva   ambos   tiempo   compañía   privada
cambio   completo   llevar   limpieza   asombro   MUCHO
dicho   chica   IMPORTANTE   hombre   ESQUIVAR
EMBARGO   ochenta   nombre   hecho   fachada   irrumpir
CONTEMPLAR   ESCUCHAR   romper   empujar   también   varios

mb: ....   mp: ....   ch: ....   va: ....

¡Os toca!

Preparad este texto para leerlo en voz alta por parejas.

Alice Liddell	Tengo la impresión de que están sucediendo muchas cosas en esta sala. ¿Señor Welrush?
Señor Welrush	¿Sí, señora?
Alice Liddell	¿Entonces el señor Davies ha sido traído por su comité?
Señor Welrush	Así es… Lo ha traído mi… ayudante. Mademoiselle Chignon.
Alice Liddell	Entonces es una ayudante magnífica, le felicito. Cuídela, no se le ocurra perderla.
Señor Welrush	El señor Travagant y su huevo también son nuestros invitados.
Alice Liddell	Magnífico, qué original. Y supongo que el simpático equilibrista que está en la ventana también es cosa suya, ¿verdad?
Señor Welrush	Sí, sí. También es cosa nuestra, pero su número ya ha terminado.

➡ **Ahora, volved a leer el diálogo cambiando de personaje.**

AUTOEVALUACIÓN

Evalúa las **habilidades lectoras** representadas en la tabla.

Valóralo del 1 al 10 → 1 2 3 4 5 6 7 8 9 10

| Postura ☐ | Mirada ☐ | Velocidad ☐ | Entonación ☐ | Volumen ☐ |

Solo con los ojos

Lee las palabras de cada etiqueta de un solo golpe de vista.

La sala estaba llena de gente, de ingleses y norteamericanos (incluso un belga). Allí había diplomáticos, profesores, prestigiosos científicos, personas importantes (incluso un premio Nobel). Pero solo una institutriz francesa sonrió cuando la pequeña Alice parpadeó dos veces.

➡ **¿Cuándo sonrió la institutriz?** ....

Lee las palabras varias veces, fijando la vista en el punto.

hora	●	sala
madre	●	mujer
carrito	●	huevo
papada	●	tristeza

mirar	●	humor
cuadro	●	retrato
alumno	●	invitado
huevo	●	hombre

niña	●	ceja
oído	●	huevo
línea	●	sillón
favor	●	éxito

➡ **¿Qué palabra se repite tres veces?** ....

Busca en la columna las soluciones.

salón	676
invitados	131
barba	453
sorpresa	508
perros	300
cuadro	900
alumno	246
ceja	802
premio	346
asiento	701
verdad	806
batalla	509
grupo	933
recuento	733
favor	578
mirada	620
hermano	135
mezcla	491

● Escribe la palabra que corresponde a cada número.

578: ....

900: ....

509: ....

802: ....

676: ....

491: ....

● Escribe el número que corresponde a cada palabra.

sorpresa: ....

grupo: ....

perros: ....

asiento: ....

barba: ....

Humpty Dumpty

Lee con atención las instrucciones para hacer un tentetieso y realiza las actividades.

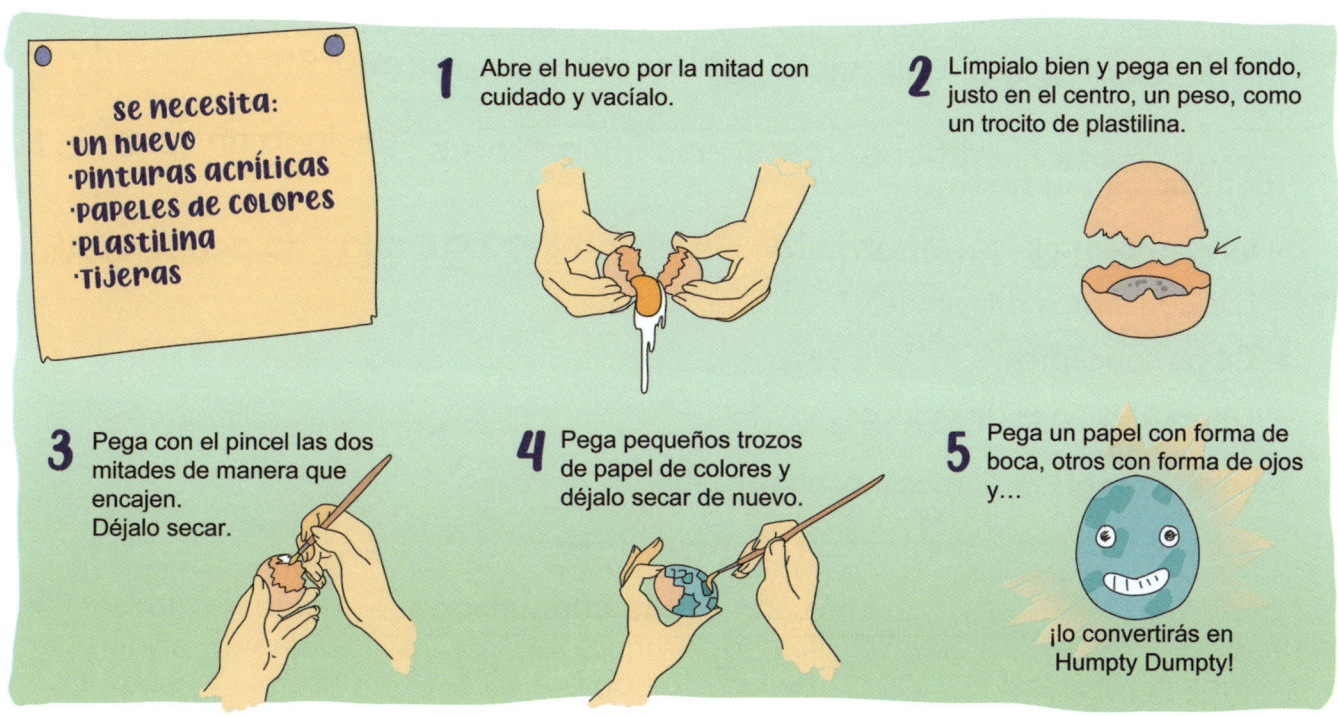

se necesita:
- un huevo
- pinturas acrílicas
- papeles de colores
- plastilina
- tijeras

1 Abre el huevo por la mitad con cuidado y vacíalo.

2 Límpialo bien y pega en el fondo, justo en el centro, un peso, como un trocito de plastilina.

3 Pega con el pincel las dos mitades de manera que encajen. Déjalo secar.

4 Pega pequeños trozos de papel de colores y déjalo secar de nuevo.

5 Pega un papel con forma de boca, otros con forma de ojos y…

¡lo convertirás en Humpty Dumpty!

→ **Indica si las siguientes afirmaciones son verdaderas (V) o falsas (F):**

	V	F
No hace falta romper el huevo.	☐	☐
Tras pegar las mitades y pegar el papel, hay que dejarlo secar.	☐	☐
El pincel sirve para aplicar pegamento.	☐	☐
El peso hay que fijarlo en un lateral.	☐	☐
Las instrucciones te recomiendan convertir el huevo en Humpty Dumpty.	☐	☐

→ **Numera del 1 al 4 las instrucciones para hacer el tentetieso.**

☐ Pegar el papel de seda y decorar.

☐ Colocar el peso centrado.

☐ Romper el huevo por la mitad.

☐ Pegar las dos cáscaras.

→ **¿Qué paso te parece más difícil?**

....

....

→ **¿Por qué crees que es importante comprender correctamente unas instrucciones?**

....

....

Organiza las ideas

Lee este texto.

Los huevos más consumidos son de gallina, codorniz y avestruz. Los de gallina son los más conocidos; los de codorniz, los más pequeños y los de avestruz, los más grandes, llegan a pesar 1,3 kg.

→ **Identifica en el texto...**

- La idea central: _____
- Los conceptos principales: _____
- Otros conceptos: _____
- Las expresiones de enlace: _____

→ **Ahora, completa el mapa conceptual.**

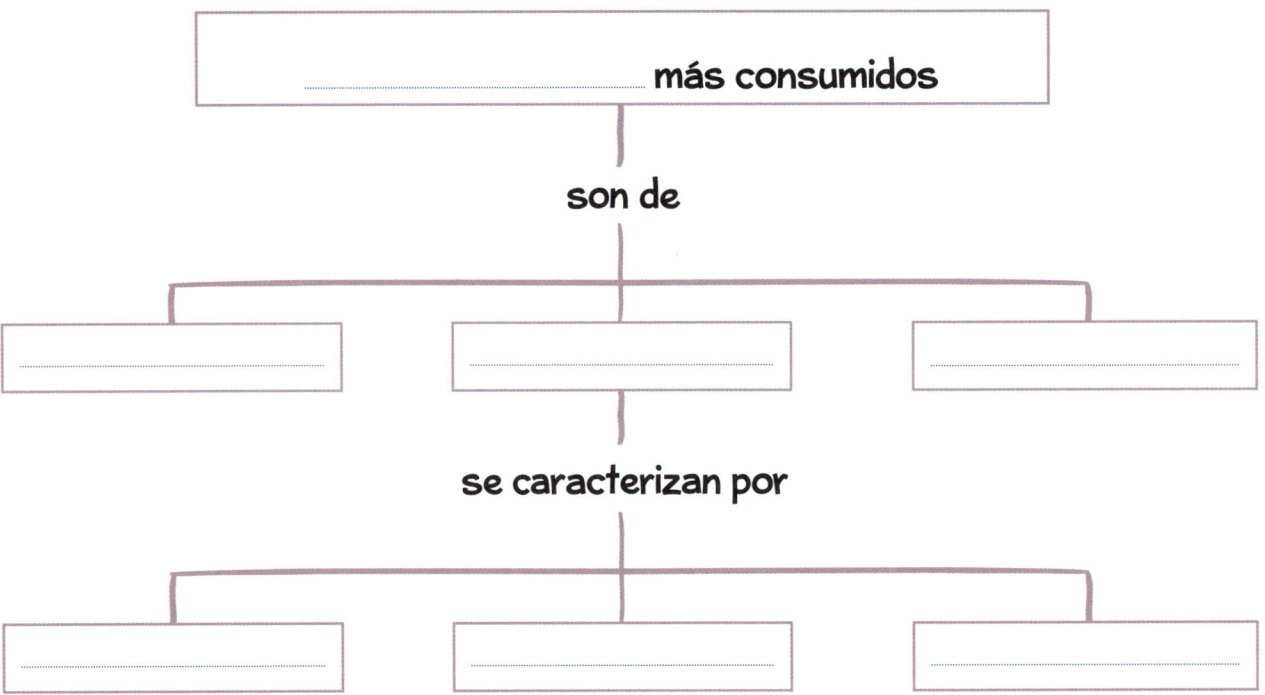

... Y al revés.

→ **Leyendo solo el mapa conceptual, intenta reconstruir el texto con tus palabras.**

_____

_____

_____

→ **Por último, cuéntaselo al resto de la clase.**

Lucha a bastonazos

Presta atención al texto que vas a escuchar. Luego, realiza las actividades.

 El texto está en las páginas 176 a 180 del libro

→ **¿Dónde se encaramó Stilt?**

a A un armario.

b A una cortina.

c A una lámpara del salón.

→ **¿Contra qué se estrelló Timothy Stilt?**

a Contra el suelo.

b Contra el muro de pan.

c Contra un grupo de invitados.

→ **¿Quién se interpuso entre el huevo y Timothy?**

a El señor Travagant.

b Alice.

c El señor Welrush.

→ **¿De dónde trajo Travagant el huevo?**

a De un planeta lejano.

b De una granja cercana.

c De una isla de Madagascar.

→ **¿Qué empleaba Travagant para defender el huevo?**

a Una espada enorme.

b Una lanza.

c Un bastón.

→ **¿Qué decía Travagant cada vez que movía el bastón?**

a ¡Hop! ¡Hop!

b ¡Hip! ¡Hip!

c ¡Halehop!

→ **Marca las tres afirmaciones que son verdaderas.**

☐ A Timothy no le gustaban los huevos.

☐ Travagant compró el huevo en un mercado.

☐ La pelea continuó por el jardín hasta que cayeron a la piscina.

☐ Timothy lanzó un sonoro aullido.

☐ Timothy quería mojar el pan en la yema del huevo.

☐ Todos veían el huevo como una escultura del País de las Maravillas.

→ **Relaciona con flechas cada personaje con lo que dice.**

● Estoy acostumbrado a proteger al huevo.

Thimothy Stilt ●

● ¡Auuuuuuuuuuuuuuu!

● Este pan está muy bueno.

● ¡Hop! ¡Hop!

Sr. Travagant ●

● Caballero, valoro su arte de la esgrima.

● Un individuo intentó comerse el huevo, pero no lo consiguió.

→ **Inventa un nuevo título para el texto que has escuchado.**

_____

En la realización de esta obra han intervenido:

Asesoría
Carlos Álvarez de Eulate

Edición
Amparo Moreno Gullón y Belén Díez Pacheco

Diseño gráfico
Cristóbal Gutiérrez Camacho

Ilustración
Marina Red Raccoon

Fotografía
123RF y colaboradores

Maquetación
Juan Pablo Mora

Los **audios** para «Escucho y Comprendo» (páginas 23, 43 y 63) están disponibles en

Las actividades de este cuaderno, que se basan en el libro *Prohibido leer a Lewis Carroll,* de Diego Arboleda y Raúl Sagospe, publicado por el Grupo Anaya, están elaborados de acuerdo con los criterios psicopedagógicos y los requerimientos del Proyecto Editorial de **Juegos de Lectura - Lectura Eficaz.**

La denominación **Juegos de Lectura - Lectura Eficaz** (distintivo con gráfico) está registrada a nombre de Grupo Editorial Bruño, S. L. (marca M1567099).

© del texto: Grupo Editorial Bruño, S. L., 2024
© de esta edición: Grupo Editorial Bruño, S. L., 2024
  Valentín Beato, 21
  28037 Madrid

ISBN: 978-84-696-3556-8
Depósito legal: M-288-2024
Printed in Spain